Sommaire

Note : Les références aux pages renvoient à l'édition du Livre de Poche.

Introduction

C'était le 21 novembre 1935, un soir de générale au Théâtre de l'Athénée. On donnait une pièce sur la Guerre de Troie qui opposa autrefois, dit-on, les Grecs à des peuples d'Asie Mineure. Les personnages s'appelaient Hector, Ulysse, Hélène... De l'histoire ancienne en somme.

Cependant, peu à peu, les spectateurs s'apercevaient que cette histoire les concernait, que ces personnages ressemblaient fort à des hommes du XXe siècle, qu'ils en avaient le caractère et les préoccupations, et que cette guerre dont on leur parlait pouvait, en dépit d'un titre rassurant, éclater d'un moment à l'autre. C'était hier.

Aujourd'hui encore, aujourd'hui plus que jamais, c'est à nous que s'adresse Giraudoux. Dans un monde dominé par toutes les violences, celles des mots, celles des images, celles des actes, celles des masses, il nous conseille de garder notre raison et notre sang-froid, de nous méfier de l'enflure et de la surenchère, et de ne pas céder à la passion. Si son appel a incontestablement à sa date une valeur de circonstance, il n'en est pas moins éternel par la résonance humaine de ses leçons.

Mais il n'est pas si aisé de prêcher la sagesse, et cette tâche de moraliste ne convenait guère à Giraudoux. Aussi est-ce par le truchement du théâtre, et par l'intermédiaire d'un art très subtil qu'il a choisi de nous parler. Sa pièce est une œuvre importante non seulement par les idées qu'elle contient, mais par la manière dont elles sont exprimées : un mélange de raffinement et de familiarité, de culture humaniste et de verve populaire, de poésie et d'espièglerie, enfin de tragique et de comique, qui provoque chez le spectateur et le lecteur à la fois le sourire et l'émotion; un style surtout qui alliant tous les genres et tous les tons a déconcerté souvent les commentateurs au point qu'ils l'ont taxé de précieux. Comme ce terme a bien sous leur plume un sens péjoratif, comme on continue à commettre un certain nombre d'erreurs sur l'esprit de Giraudoux, en prenant sa légèreté pour de l'indifférence et pour de la désinvolture son refus du conformisme, il importe de faire justice des préjugés qui circulent sur l'homme et sur l'œuvre.

1 Connaissance de Giraudoux

TABLEAU SYNOPTIQUE

	VIE ET ŒUVRE DE GIRAUDOUX	LE MOUVEMENT LITTÉRAIRE	ÉVÉNEMENTS POLITIQUES
1882	29 oct. : naissance à Bellac (Haute-Vienne)		
1893	Boursier et interne au Lycée de Châteauroux	Samain : *Au jardin de l'infante* Courteline : *Boubouroche*	
1900	Giraudoux prépare l'École Normale Supérieure à Lakanal à Sceaux	E. Rostand : *L'Aiglon*	
1903	Il est reçu 12ᵉ		
1906	Giraudoux en Allemagne précepteur à Heidelberg, puis parcourt la Scandinavie, l'Autriche, l'Italie, les Balkans	Mort de Cézanne	Fallières, président de la République (1906-1913)
1907	Voyage aux États-Unis. Lecteur à l'Université d'Harvard. Visite le Canada. Séjour à Madère		
1909	Publication de *Provinciales* (Grasset)		
1910-1913	Reçu 1ᵉʳ au concours des Chancelleries, entre au Ministère des Affaires Étrangères. Voyage en Russie et Turquie	Proust : *Du côté de chez Swann* (1913) Apollinaire : *Alcools*	Poincaré, président de la République (1913-1920)

16 let. 5F,50

PROFIL Collection dirigée
D'UNE ŒUVRE par Georges Décote

LA GUERRE DE TROIE N'AURA PAS LIEU

GIRAUDOUX

Analyse critique

par *Étienne FROIS*
agrégé de l'Université
professeur au Lycée
Janson-de-Sailly

 HATIER

DU MÊME AUTEUR :————————————

- ANOUILH : *Antigone.*
  Analyse critique (Profil d'une Œuvre, Hatier, 1972).
- IONESCO : *Rhinocéros.*
  Analyse critique (Profil d'une Œuvre, Hatier, 1970).

ISBN 2 - 218 - 01420 - 3

	VIE ET ŒUVRE DE GIRAUDOUX	LE MOUVEMENT LITTÉRAIRE	ÉVÉNEMENTS POLITIQUES
1914-1917	Giraudoux mobilisé en Alsace comme sergent d'infanterie. 2 fois blessé. 3 fois cité à l'ordre du régiment et de l'armée		Début de la 1re guerre mondiale
1917	Mission militaire au Portugal. Publication de *Lectures pour une ombre*		Révolution russe
1918	Mission aux États-Unis. Publication de *Simon le Pathétique* Mariage de Giraudoux.	Duhamel : *Civilisation*	11 nov. : armistice
1919	Publication de *Amica America*, de *Elpénor*. Secrétaire d'Ambassade.	Proust : *A l'ombre des jeunes filles en fleur*	Traité de Versailles
1920	Publication d'*Adorable Clio*	Colette : *Chéri*	Millerand, président de la République (1920-1924)
1920-1927	Chef des Services de presse des Affaires Étrangères Ami du secrétaire général du Ministère des Affaires Étrangères, Philippe Berthelot, Giraudoux participe à la préparation de plusieurs conférences internationales. La période romanesque : *Suzanne et le Pacifique* (1921). *Siegfried et le Limousin* (1922). *Juliette au pays des hommes* (1924). *Bella* (1926). *Églantine* (1927)		1922 Pacte de Rapallo entre la Russie et l'Allemagne. 1924 Victoire électorale du cartel des gauches en France. Protocole de Genève sur le désarmement. Doumergue, président de la République (1924-1931). 1925 Traité de Locarno. 1923-29 Stresemann, ministre des Affaires Étrangères en Allemagne

	VIE ET ŒUVRE DE GIRAUDOUX	LE MOUVEMENT LITTÉRAIRE	ÉVÉNEMENTS POLITIQUES
1926	Giraudoux en Turquie. Connaissance de Jouvet	Montherlant : *Les Bestiaires* Gide : *Les Faux-Monnayeurs*	L'inflation en France. Chute du Ministère Herriot. Formation du cabinet Poincaré (1926-1929)
1928	3 mai première de *Siegfried*	Vitrac : *Victor* Pagnol : *Topaze*	Pacte Briand-Kellogg de renonciation à la guerre
1929	*Amphitryon 38*	Cocteau : *Les enfants terribles* Giono : *Colline*	Retraite de Poincaré. Ministères Tardieu et Laval (1929-1932)
1930	Essai sur *Racine*. *Les aventures de Jérôme Bardini*	Duhamel : *Scènes de la vie future*	
1931	*Judith*	Saint-Exupéry : *Vol de nuit*	Doumer, président de la République
1932			Assassinat de Doumer. A. Lebrun, président de la République (1932-1940). Mort de Briand
1933	*Intermezzo*	Malraux : *La condition humaine*	Dictature de Hitler en Allemagne
1934	*Combat avec l'ange*. Giraudoux inspecteur général des Postes Diplomatiques et Consulaires avec rang de ministre plénipotentiaire	Montherlant : *Les célibataires* Anouilh : *La sauvage*	Assassinat à Marseille d'Alexandre de Yougoslavie. Assassinat en Autriche du chancelier Dollfuss. 6 fév. : manifestation à Paris. 12 fév. : grève générale

	VIE ET ŒUVRE DE GIRAUDOUX	LE MOUVEMENT LITTÉRAIRE	ÉVÉNEMENTS POLITIQUES
1935	21 novembre *La Guerre de Troie n'aura pas lieu*	Montherlant : *Service inutile*	Guerre d'Éthiopie. Pacte franco-soviétique. Plébiscite de la Sarre qui opte pour l'Allemagne
1936			Mars : remilitarisation de la rive gauche du Rhin. Juillet : guerre d'Espagne. Le Front populaire en France
1937	*Électre*	Malraux : *L'Espoir*	Exposition internationale de Paris
1938	*Les cinq tentations de Jean de La Fontaine*	Bernanos : *Les grands cimetières sous la lune*	L'Anschluss. Sept. : pacte de Munich
1939	*Choix des élues. Ondine. Pleins pouvoirs.* Giraudoux, Commissaire Général à l'Information		Début de la 2e guerre mondiale
1940	Giraudoux se retire près de Vichy		Invasion de la France. La défaite. L'État français (1940-1944)
1941	*Littérature*		Juin : invasion de la Russie
1942	Giraudoux revient à Paris	Montherlant : *Les célibataires* Anouilh : *La sauvage* A Rio, Jouvet crée l'*Apollon de Marsac* (devenu *Apollon de Bellac*)	Débarquement allié en Afrique du Nord

	VIE ET ŒUVRE DE GIRAUDOUX	LE MOUVEMENT LITTÉRAIRE	ÉVÉNEMENTS POLITIQUES
1943	*Sodome et Gomorrhe*	Sartre : *L'Être et le néant*. Claudel : 1re représentation du *Soulier de satin* à la Comédie-Française	Bataille de Stalingrad. Nov. : conférence de Téhéran (Churchill, Roosevelt, Staline)
1944	31 janv. : mort de Giraudoux		Débarquement allié en France. Libération de Paris. De Gaulle, chef du gouverne-ment provisoire
1945	Représentation de *La Folle de Chaillot*		Conférence de Yalta. 8 mai : capitulation du Reich
1946	*Sans pouvoirs*		
1953	Représentation de *Pour Lucrèce*		
1963	Reprise de *La Guerre de Troie n'aura pas lieu* au T.N.P.		
1970	Création d'un acte des *Gracques*, pièce inachevée, à la Comédie-Française		
1971	Janvier : Création de *La Guerre de Troie* au Théâtre de la Ville, sous la direction de Jean Mercure		

ÉTAPES D'UNE VIE [1]

C'est à Bellac, dans la Haute-Vienne, que naît Giraudoux le 29 octobre 1882. La province du Limousin, ses châtaigniers, ses rivières, ses coteaux modérés, le rythme paisible et ordonné des petites bourgades et des sous-préfectures « dont aucune ne dépassait cinq mille habitants », les notes des clairons qui s'essayent maladroitement dans les brouillards du crépuscule, telle fut l'atmosphère poétique qui enveloppa sa jeunesse. Il en a dit les charmes. C'est à son horizon natal qu'il se réfère quand il écrit *Suzanne et le Pacifique* ou *Intermezzo*. C'est à cet étalon qu'il mesure, non la grandeur ou la beauté des choses, mais leur justesse et leur vérité.

Sa famille était d'origine modeste. Son père, Léger Giraudoux, était percepteur, et servit sans doute de modèle à ces honnêtes fonctionnaires au cœur simple - les personnages sympathiques de l'œuvre -, contrôleurs des hypothèques ou des poids et mesures, receveurs de l'enregistrement, - dont l'ambition se borne à changer de résidence tous les trois ans, « de Gap à Bressuire » ou « de Vitry-le-François à Domfront ».

« Les fils et les filles doués étaient évidemment envoyés à la préfecture, mais dans un lycée fermé de grilles où ils étaient mis aussitôt en rapport direct et exclusif avec l'antiquité, et coupés plus encore du monde », écrit plaisamment Giraudoux. Effectivement, admis en 1893 comme boursier au Lycée de Châteauroux, « la ville la plus laide de France », s'il ne découvre pas encore le monde, il a du moins la révélation des joies du travail. « Chaque étude possédait des dictionnaires historiques, sa bibliothèque, son atlas. J'eus le jour même trente volumes, sur lesquels j'écrivis mon nom ; j'eus d'un seul coup vingt professeurs. » C'est Simon le Pathétique qui est censé faire ces naïves réflexions, mais on peut penser qu'elles s'appliquent au jeune Giraudoux lui-même, comme l'éloge lyrique qui suit : « Travail, cher travail, toi qui terrasses la honteuse paresse ! Travail d'enfant, généreux comme un amour d'enfant ! » Brillant

---

1. Les deux chapitres qui suivent, « *Étapes d'une vie* » et « *Regards sur l'œuvre* », reproduisent ceux de notre présentation de *La Guerre de Troie n'aura pas lieu* (Livre de Poche Université, 1964).

élève, vite passionné par les Grecs et les Latins, il noue des relations qui dureront pendant toute sa vie avec Homère (son roman *Elpénor* sera une sorte d'*Odyssée* fantaisiste et *La Guerre de Troie* sera son *Iliade*) et les tragiques grecs (cf. *Électre*), comme avec Plaute (cf. *Amphitryon 38*). Dès cette époque, il vénère également Racine, et Molière, et La Fontaine. De cette culture classique il gardera une empreinte ineffaçable. C'est à cette source que s'alimenteront aussi bien ses mythes les plus profonds que ses jeux de mots et ses rapprochements les plus ingénieux.

Après ses « humanités », il poursuivra ses études supérieures de Lettres au Lycée Lakanal, à Sceaux, en 1900, et entrera en 1903 à l'École Normale Supérieure. S'interrogeant un jour sur « l'esprit normalien », Giraudoux a écrit : « L'École Normale (est) une école spirituelle. Je ne dirai pas que tous ceux qui sortent d'elle ont de l'esprit, mais ils ont l'esprit. » Et de ses élèves : « C'est un assemblage d'êtres qui éprouvent le besoin de se réunir pour vivre une vie particulièrement et passionnément individuelle. » On ne saurait mieux dire. Dès lors, Giraudoux s'affirme comme serviteur de l'esprit et serviteur de la liberté. Il ignore le poids du monde et de la matière. « Sa caractéristique, écrit-il (celle du normalien), est justement qu'il ne voit pas la réalité, non point qu'il ne la comprenne pas, mais parce qu'il ne la soupçonne pas : donc qu'il y est perpétuellement à l'aise. » Ce don de se mouvoir « dans cette vie sans espace » explique en même temps la vision poétique de Giraudoux et son refus du pédantisme officiel. Rien de guindé ni de solennel chez cet universitaire honnête homme chez qui la grâce a remplacé la pesanteur. Pas une trace non plus de cette sécheresse que l'on croit parfois inhérente à la formation professorale. Tout lui est occasion, sinon d'émerveillement, du moins de découverte amusée ou attendrie.

Dès le Lycée Lakanal, Giraudoux avait été attiré par les études germaniques, sous l'influence de son professeur Charles Andler, plus tard professeur au Collège de France. Il poursuivit ses travaux à l'École Normale, essayant dès lors de concilier deux images de l'Allemagne, l'une moderne et nationaliste, l'autre sentimentale et poétique, et aussi de trouver des traits d'union entre la raison française et la sensibilité germanique. A sa sortie de l'École en 1906, il obtint une bourse pour l'Allemagne. Il fut pendant quelque temps précepteur dans une famille princière à Heidelberg. Mêlant l'imaginaire et le réel, le jeune homme s'exaltait autant devant les sapins bleus de la Souabe qu'au souvenir des cavaliers noirs et des génies de telle ballade médiévale ou romantique. Aussi curieux de la métaphysique cosmique de l'Allemagne que des visions hautes en couleur du Saint Empire, des monuments baroques de Munich que des intuitions des savants et des philologues, il se demandait s'il n'était pas chargé, comme plus tard Forestier dans *Siegfried et le Limousin*, d'apporter la mesure et la clarté françaises à l'Allemagne, et d'initier ses compatriotes à la connaissance de l'invisible et à la poésie nocturne d'Outre-Rhin. Dans les rêves du jeune boursier entrait aussi un désir sincère, et rare à l'époque, de rapprocher deux grandes nations complémentaires. Ces méditations et ces idées généreuses, quoique souvent utopiques, se reflèteront dans les deux *Siegfried* (le roman et la pièce de théâtre), dans *Ondine*, et dans plusieurs allusions de *La Guerre de Troie*. Et il reste que Giraudoux est un des écrivains français qui ont le mieux senti et exprimé la poésie germanique.

Après l'Allemagne, Jean Giraudoux voyage aux États-Unis et passe quelque temps comme lecteur à l'Université d'Harvard. Il décrira son expérience américaine dans *L'École des Indifférents* en 1909.

En 1907 le voici de retour à Paris, « les cinq mille hectares du monde où il a été le plus pensé, le plus parlé, le plus écrit ; le carrefour de la planète qui a été le plus libre, le plus élégant, le moins hypocrite ». Ce Paris qu'il ne connaissait guère, il le découvre bien entendu sous l'angle de la Littérature. Il fréquente les écrivains et les journalistes. Il est chargé d'une chronique régulière dans le journal *Le Matin*. Il connaît des éditeurs, et c'est Bernard Grasset qui édite en 1909 son recueil de nouvelles intitulé *Provinciales*.

Reçu au concours des chancelleries, Giraudoux entre en 1910 dans la carrière diplomatique, où il suit les traces de son ami Paul Morand, venant grossir ainsi le nombre des hommes de lettres au Ministère des Affaires Étrangères : la tradition de Claudel n'est pas perdue.

A la guerre de 1914, il est mobilisé comme sergent, le sergent d'*Adorable Clio*, au 298e régiment d'infanterie. Il n'aime pas la guerre mais il la fait, comme tout le reste, avec conscience. Il combat en Alsace, reçoit sa première blessure, est soigné à Bordeaux, devient sous-lieutenant. Son récit de la bataille de la Marne, *Les cinq soirs et les cinq réveils de la Marne*, est un document poignant. On y trouve, parmi tant d'autres traits pris sur le vif, ce détail que Giraudoux n'oubliera pas, le soldat qui a perdu la mémoire. L'expédition des Dardanelles, d'où il fut évacué avec une balle dans la hanche, lui inspira les belles pages de *Lectures pour une ombre*. Il n'aime pas les médailles, mais il est cité et décoré. Il n'a guère confiance dans les armes, mais il accepte une mission inattendue, d'abord au Portugal, ensuite aux États-Unis, où il est délégué comme instructeur militaire. De l'épreuve de la guerre datent ses premiers grands livres, *Lectures pour une ombre* (1917), *Amica America* (1919), et *Adorable Clio* (1920), où, sans le réalisme brutal qui était de mise à l'époque, il évoque les misères et les souffrances de ces quatre années. C'est déjà, avec je ne sais quoi de plus sobre et de plus retenu, l'accent d'Hector dans *La Guerre de Troie*.

La paix revenue, Jean Giraudoux se marie, et il aura un fils, Jean-Pierre Giraudoux, né en 1919.

● *Du roman au théâtre*

Désormais, Giraudoux se consacre à sa double tâche de haut fonctionnaire et d'écrivain. Le voici secrétaire d'ambassade, et bientôt chef des services de Presse des Affaires Étrangères. Admirateur de Briand et de la politique de Locarno, ami du Secrétaire Général du Ministère, Philippe Berthelot, il participe à la préparation de plusieurs conférences internationales.

En même temps, il publie des romans qui font sa célébrité en France et à l'étranger et qui tous - sous la couleur du souvenir ou le voile de la fiction - reflètent dans un style original et chatoyant les multiples impressions que lui cause le spectacle du monde ou l'évocation d'un univers imaginaire. C'est, de *Simon le Pathétique* (1918) à *Églantine* (1927), la période romanesque de sa production littéraire.

Deux circonstances vont l'orienter vers le théâtre. En 1924 il écrivait pour une collection dédiée à la mémoire de son ancien professeur d'allemand, Charles Andler, une « première scène d'une adaptation dramatique » de son roman *Siegfried et le Limousin* (paru en 1922). Encouragé par ses amis hommes de théâtre, comme Benjamin Crémieux, Édouard Bourdet et Bernard Zimmer, Giraudoux se mit à penser sérieusement à la forme dramatique et à rédiger plusieurs plans successifs de la pièce qui sera *Siegfried*.

C'est alors que se situe la rencontre qui allait être déterminante pour l'avenir de Giraudoux et du théâtre français. En avril 1926 il fait, grâce à Bernard Zimmer, la connaissance de Louis Jouvet. On ne peut qu'imaginer le dialogue et les échanges qui s'établirent entre le metteur en scène et le poète : Giraudoux était très secret, voire énigmatique. Mais on peut être assuré qu'il ne négligeait pas les remarques et les indications de l'homme de l'art. Après une série de remaniements, la pièce fut mise en répétition le 10 mars 1928 et représentée le 3 mai à la Comédie des Champs-Élysées. On peut dire sans hésiter que cette première de *Siegfried* constitue une date dans l'histoire du théâtre français, au même titre que la première du *Cid*, d'*Andromaque*, d'*Hernani* ou de *Cyrano*. Le succès fut immédiat. Dès le lendemain, la critique saluait l'auteur qui rompait délibérément avec le théâtre commercial, et rendait à la poésie et aux Lettres leur droit de cité sur la scène.

L'accueil fait à la pièce fut à vrai dire d'autant plus chaleureux que les pronostics avaient été plus réservés. Ceux mêmes qui s'inclinaient le plus volontiers devant le talent du romancier hochaient la tête avec scepticisme à l'annonce de ses débuts au théâtre, et ne cachaient pas leur inquiétude. Même Jouvet, dit-on, n'était guère rassuré.

Jamais alliance entre un technicien et un homme de lettres ne se révéla plus étroite et plus féconde que celle-là. Jouvet monta par la suite presque toutes les pièces de Giraudoux, d'abord à la Comédie des Champs-Élysées, puis au Théâtre de l'Athénée. Il en avait compris d'emblée l'esprit et la magie, et il sut toujours adopter le style de jeu et de décoration, le ton et le rythme qui leur convenaient. Aussi Giraudoux le laissait-il faire avec une royale désinvolture. La meilleure preuve de la confiance qu'il lui accordait, n'est-ce pas la suppression progressive de toute indication de mise en scène dans les manuscrits du poète ? Jouvet trouverait bien le moyen sans autre précision de faire passer une comète ou émerger la ville d'Ys dans le deuxième acte d'*Ondine*. Giraudoux savait aussi qu'il pouvait compter sur le concours d'une troupe merveilleuse, et qui devait sans cesse s'accroître, sans parler de Jouvet qui fut, de manière inoubliable, le Jupiter d'*Amphitryon*, le contrôleur d'*Intermezzo*, Hector de *La Guerre de Troie*, Hans d'*Ondine*, le Mendiant d'*Électre*, le Chiffonnier de *La Folle de Chaillot*, partout semblable à lui-même, et partout différent, tour à tour lourdaud, tendre, profond, léger, sentencieux, ou sarcastique. De 1928 à 1939, de *Siegfried* à *Ondine*, l'histoire de Giraudoux, à part les voyages autour du monde où l'entraînent les postes diplomatiques qui lui sont confiés, se confond avec celle de ses pièces et de ses succès. « N'aurais-je d'autre titre de gloire dans l'exercice de mon métier et de ma carrière, a écrit Louis Jouvet, que d'avoir joué ses œuvres, celui-là me suffirait. »

Au début de la guerre de 1939, Giraudoux est appelé au poste ingrat de Commissaire à l'Information. Certes la direction des Services de Presse l'avait déjà préparé à de pareilles fonctions, mais de l'Information à la Propagande le pas est vite franchi, surtout en temps de guerre, et on peut penser que ce n'est pas de gaieté de cœur que l'auteur de *La Guerre de Troie n'aura pas lieu* assuma un rôle dont il avait dénoncé les servitudes et l'inconfort moral. Il savait du reste à quoi s'en tenir, venant de publier un livre politique, *Pleins Pouvoirs*, où après avoir analysé les signes avant-coureurs de la défaite, il s'ingéniait à évoquer les vraies gloires de la France, ses gloires spirituelles. Le deuxième volet du diptyque, *Sans Pouvoirs*, ne paraîtra qu'après sa mort en 1946.

En 1940 Giraudoux se retire près de Vichy. Il écrit une série d'essais (*Littérature*) en 1941. Rentré à Paris en 1942, il se consacre de nouveau au théâtre, et fait jouer *Sodome et Gomorrhe* en 1943. Il meurt le 31 janvier 1944 sans avoir pu mettre la dernière main à deux pièces, *La Folle de Chaillot* qui sera représentée par les soins de Jouvet en 1945, et *Pour Lucrèce*, qui fut jouée en 1953.

Ainsi s'éteignit un honnête homme qui semble avoir pris pour règle de bien faire ce qu'il avait à faire, et qui poussa la discrétion jusqu'à réprimer dans sa vie toute réaction un peu vive. Par modestie, par élégance, ou par principe, il réussit à faire taire le réflexe d'humeur, à dompter les accès du rire ou de l'indignation, à étouffer le cri ou les larmes. Comment n'eût-il pas été sensible à l'étrangeté ou à la fausseté de certaines situations ? Comment n'en eût-il pas perçu l'humour savoureux ou l'amère dérision ? Mais la sagesse - celle de Montaigne - l'invitait à servir, à sa place, en bon élève, en soldat discipliné, en fonctionnaire consciencieux. Tout le reste est littérature. Et c'est à son œuvre qu'il faut demander ses rêves et ses sursauts.

REGARDS SUR L'ŒUVRE

L'œuvre de Giraudoux se divise logiquement et même chronologiquement en trois groupes selon les genres qu'il a abordés : le roman, le théâtre, et l'essai. Mais comme c'est avec le théâtre qu'il a vraiment trouvé sa voie, comme d'autre part on ne peut guère parler d'une évolution de son génie, il paraît légitime de présenter d'abord l'essayiste et le romancier, avant de s'arrêter plus longuement sur le dramaturge.

Essais

Plus que ses essais politiques (*Pleins Pouvoirs* 1939; *Sans Pouvoirs*, posthume, 1946) ses essais littéraires reflètent les goûts et la manière du poète, soit qu'il indique ses modèles en analysant subtilement leur originalité (*Les cinq tentations de La Fontaine*, conférence publiée en 1938; *Racine*, 1950), soit qu'il livre les secrets de son art (*Littérature*, 1941). Ce dernier ouvrage contient en particulier sur l'importance du style au théâtre ou sur les rapports de l'auteur et du metteur en scène des idées significatives.

Romans

Échelonnés de *Provinciales* (1909) à *Choix des Élues* (1939), ils défient toute tentative de classement rigoureux.

On peut cependant mettre à part dans une première période *Lectures pour une ombre* (1917), *Amica America* (1919) et *Adorable Clio* (1920) - souvenirs personnels et visions de la guerre 1914-18; une autobiographie à peine déguisée, *Simon le Pathétique* (1918); et *Elpénor* (1919). Dans ce dernier ouvrage, Giraudoux a choisi pour héros le plus médiocre des compagnons d'Ulysse, et il utilise à plaisir le burlesque, le travesti, l'allusion et l'anachronisme. Mais ses jeux d'iconoclaste n'ont rien de gratuit : le déplacement des perspectives, la vision du monde moderne qui apparaît en filigrane et se superpose aux conceptions de l'antiquité révèlent une réflexion profonde autant qu'ingénieuse. *Elpénor* est peut-être l'œuvre la plus caractéristique du normalien Giraudoux, mais elle suppose, pour être pleinement goûtée, une connaissance précise d'Homère et de ses procédés.

A partir de 1920, Giraudoux publie *Suzanne et le Pacifique* (1921), *Siegfried et le Limousin* (1922), *Juliette au pays des hommes* (1924), *Bella* (1926) et *Églantine* (1927). Après une interruption due à ses premiers succès au théâtre, il écrira encore trois romans : *Les Aventures de Jérôme Bardini* (1930), *Combat avec l'Ange* (1934) et enfin *Choix des Élues* (1939), sans que l'on puisse déceler dans l'ensemble une notable différence de manière ou d'orientation.

Quoi de plus naturel que les personnages féminins, en particulier les jeunes filles, servent d'enseigne gracieuse ou de figure de proue à ces délicates fantaisies de l'esprit ? Non que les hommes et leur univers en soient exclus : il y a par exemple dans *Bella* tous les éléments d'une violente satire politique. Mais la tonalité générale est féminine, car les jeunes filles de Giraudoux sont d'instinct en contact direct avec la nature, avec les plantes, avec les éléments, et ce sont elles qui sont « élues » pour traduire l'accord du poète avec la création.

Les romans de Giraudoux, qui se caractérisent par l'absence d'action, l'absence d'analyse psychologique et l'absence de réalisme - un peu comme les contes du romantisme allemand - et nous invitent à dépasser le cadre humain en le reliant à un ensemble cosmique, doivent évidemment une grande partie de leur charme aux vertus du style, à la magie du vocabulaire, et aux rapprochements inattendus que l'auteur tisse entre les mots et entre les choses. Virtuosité gratuite ? Jeux d'esprit ? Préciosité en un mot ? Ou expression adéquate d'un univers ? L'examen du théâtre de Giraudoux permettra peut-être de répondre à la question.

Théâtre

On a vu à la suite de quelles circonstances Giraudoux aborda le théâtre. Presque chaque année, à la suite de *Siegfried* (1928) et pendant plus de dix ans, ses pièces se succédèrent et obtinrent la faveur d'un public de plus en plus charmé et conquis. D'abord soucieux d'écrire avec *Siegfried* « une pièce bien faite », il laissa vite libre cours à sa fantaisie poétique, faisant alterner tragédies et comédies, drames et féeries, mythes millénaires et sujets d'actualité. La Grèce antique (*Amphitryon 38*, 1929; *La Guerre de Troie n'aura pas lieu*, 1935; *Électre*, 1937), la Bible (*Judith*, 1931; *Sodome et Gomorrhe*, 1943), la province française (*Intermezzo*, 1933), la légende germanique (*Ondine*, 1939), Paris (*La Folle de Chaillot*, 1945) lui offrent tour à tour leur cadre farouche ou souriant. Il passe du noir au rose, mélange les genres - le vaudeville, le dialogue philosophique, le conte fantastique, la satire, le mélo, le plaidoyer - et les tons - le grave et le badin, le pathétique et le burlesque. Ce parti pris a ses risques, et a pu abuser des lecteurs superficiels. Giraudoux manque de profondeur, ont dit certains. Il est insensible, ont proclamé les autres. N'est-ce pas confondre la lettre avec l'esprit, et les moyens avec la fin? On a été si frappé par sa virtuosité qu'on est parfois resté sourd aux appels qui montent de son théâtre et trouvent un écho au fond de nous-mêmes. On a été si séduit par son intelligence qu'on a oublié qu'il avait du cœur.

Pour voir son œuvre dramatique sous son vrai jour, il importe donc de dépasser les apparences, et de dégager à la fois sa philosophie et son humanité.

• *Le tragique de la fatalité*

Toutes les grandes angoisses des hommes comme les éternelles questions de la conscience, Giraudoux les exprime par la bouche de ses personnages, retrouvant du même coup le secret du vrai théâtre. Dans de tragiques débats s'affrontent l'individu et la société, la guerre et la paix, la raison et la justice, la pensée et le langage, l'âme et le corps. L'homme est partout aux prises avec les instruments de sa connaissance et avec ses dieux. Autant que celui de Racine, le théâtre de Giraudoux est ainsi celui de la fatalité. Elle pèse, inexorable, sur ses personnages. Le mal veille et rôde, à l'affût de la moindre défaillance, de la plus bénigne distraction qui lui permettront d'exercer ses ravages, car « le monde n'offre avec générosité que sa cruauté ou sa bêtise » *(Intermezzo)*. Il semble même que le destin prenne plaisir, en multipliant les faux pas, les crimes ou les catastrophes de l'humanité, à les entourer jusqu'au bout d'un cortège d'illusions rassurantes. C'est le jour où « les blés sont dorés et pesants, la vigne surchargée, les demeures pleines de couples, et la paix à son comble » qu'éclate la guerre *(La Guerre de Troie n'aura pas lieu)*. C'est « au zénith de l'invention et du talent, quand les caves sont pleines et les théâtres sonnants, alors que les moindres accidents sont prévus par les lois et annulés », que survient la fin du monde *(Sodome et Gomorrhe)*. Et tout cela pour quoi ? Pour rien. La mort même est une duperie. « Quand vous voyez des hommes morts, beaucoup ont l'air d'être morts pour des bœufs, des porcs, des tortues, et pas beaucoup pour des hommes. Un homme qui a l'air d'être mort pour les hommes, je peux le dire, cela se cherche » *(Électre)*. Si au moins cela valait la peine, semble nous dire Giraudoux, si au moins s'aimaient Pâris et Hélène, dit Andromaque, on comprendrait, il y aurait une raison, un semblant de raison. Mais non, tout est dérision, et les Portes de la Guerre en s'ouvrant découvrent Hélène embrassant Troïlus *(La Guerre de Troie n'aura pas lieu)*. Même après la fin du monde se poursuit le duel des couples : « La mort n'a pas suffi. La scène continue », conclut l'Ange de *Sodome et Gomorrhe*.

Muets et sourds, paralysés et impuissants, les Dieux contemplent les manèges humains. « Leur privilège », comme le dit Giraudoux des Grands de ce monde, « c'est de voir les catastrophes d'une terrasse ». Incapables d'intervenir, de trancher les débats des hommes, ils s'en amusent au besoin. « Dans ce pays qui est le mien, proclame Électre, on ne s'en remet pas aux dieux du soin de la justice. Les dieux ne sont que des artistes. » Ils préfèrent du reste qu'on ne leur pose pas de questions ; et si on les presse, si on les met au pied du mur, ils prononcent sentencieusement des propositions contradictoires qui ne risquent pas de les compromettre. Sortent-ils de leur béate léthargie, c'est pour se livrer à un « travail en gros, nullement ajusté », et leurs coups frappent au hasard. « L'ensemblier » des petites filles d'*Intermezzo* est du reste doublé ou supplanté par le diabolique Arthur qui représente l'ironie du sort. Une fois que la fatalité, monstrueuse ou dérisoire, est ainsi en marche, il n'y a plus rien à faire, tout recours est rejeté. L'union d'Alcmène avec Jupiter est prévue de toute éternité. La guerre de Troie aura lieu.

Pour arriver à ses fins, le destin emprunte les traits les plus inattendus, et il n'est pas facile de déceler les êtres qu'il a choisis pour instruments. Ce sont souvent des jeunes filles, Judith, Hélène, Électre. Elles n'ont l'air de rien. « Elles sont parfois une bourgade, presque un village, une petite reine, presque une petite fille, mais si vous les touchez, prenez garde ! Elles sont de ces rares créatures que le destin met en circulation sur la terre pour son usage personnel. » C'est ainsi qu'il s'est servi de l'amour de Judith pour tuer Holopherne, de l'inconstance d'Hélène pour déchaîner la guerre, de la justice d'Électre pour livrer Argos au fer et aux flammes.

Dans l'universel désordre, devant la lâcheté, la sottise ou l'impuissance des hommes, devant le silence des Dieux, il n'est plus qu'une solution : faire comprendre au Créateur qu'il a manqué sa création. A l'injustice, Électre préférait déjà la ruine d'Argos. Au mensonge, Lia préfère la fin du monde. *Sodome et Gomorrhe*, c'est Dieu jugé par l'homme.

Devons-nous conclure de ce défi que l'œuvre théâtrale de Giraudoux est radicalement pessimiste, qu'elle ferme à tout jamais les portes de l'espérance ? Devons-nous surtout croire que l'attitude de l'auteur envers les humains ressemble à l'indifférence et à l'insensibilité des divins spectateurs de ce monde ? Nullement.

• *Une leçon d'amour*

Une des idées qu'il a exprimées avec le plus de force - et justement dans ses deux œuvres les plus désespérées en apparence, *Électre* et *Sodome et Gomorrhe* - est la coexistence du mal et du bien. Il a même tenu à la développer dans des morceaux détachés de l'action destinés à dégager le sens de son drame. Fait significatif : dans *Électre* et dans *Sodome et Gomorrhe* qui sont construites symétriquement, c'est le jardinier, c'est-à-dire le démiurge, qui vient, entre le premier et le second acte, expliquer la leçon. Au milieu des crimes et des parricides qui s'apprêtent, l'un fait l'éloge de l'amour : « Ce serait vraiment à désespérer aujourd'hui... si je parvenais à oublier une minute que j'ai à vous parler de la joie. Joie et Amour, oui. Je viens vous dire que c'est préférable à Aigreur et Haine... Évidemment la vie est ratée, mais c'est très, très bien la vie. » Dans sa naïveté voulue, cette phrase pourrait être le résumé de toute la philosophie de Giraudoux, et servir de préface à son œuvre. « Vous auriez compris le jour où vos parents mouraient que vos parents naissaient, le jour où vous étiez ruiné que vous étiez riche; où votre enfant était ingrat, qu'il était la reconnaissance même; où vous étiez abandonné, que le monde entier se précipitait sur vous, dans l'élan et la tendresse. » C'est le sens qu'il convient de donner aux derniers mots de la pièce. Oreste a tué Clytemnestre et Égisthe, le palais brûle, la ville meurt, les Euménides s'emparent d'Oreste et ne le lâcheront plus. « Où en sommes-nous, ma pauvre Électre, s'écrie la Femme Narsès - où en sommes-nous ?... Comment cela s'appelle-t-il, quand le jour se lève, comme aujourd'hui, et que tout est gâché, que tout est saccagé, et que l'air pourtant se respire, et qu'on a tout perdu, que la ville brûle, que les innocents s'entre-tuent, mais que les coupables agonisent, dans un coin du jour qui se lève ? - Cela a un très beau nom, Femme Narsès. Cela s'appelle l'Aurore », répond le Mendiant qui est chargé de traduire sur le plan philosophique les découvertes ingénument sentimentales du Jardinier. Quant au jardinier de *Sodome et Gomorrhe*, qui, dans la mort de son jardin, a tenu à sauver la dernière rose du monde, il est sûr de porter avec elle la volonté de Dieu. « Au bout d'une minute, vous êtes habitué, vous voyez vraiment que la nature de l'homme n'est pas de tuer les agneaux ou de casser les pierres, mais de circuler une rose à la main. » Et il conclut : « Ce que je dois comprendre de ma mission ainsi devient tout clair, devient une promesse : être dans ce désarroi où le sang des hommes va couler en plaies, en caillots, ou rigoles, celui dont il jaillit en une fleur, et en parfum... »

Ce message d'amour et d'espérance, quelques êtres privilégiés sont capables de l'entendre, en prêtant l'oreille aux appels de la nature et de la poésie, en recueillant les tendresses éparses dans l'univers, comme l'Isabelle d'*Intermezzo*,

qui près de chaque objet « semble la clé destinée à le r
compréhensible », comme l'Alcmène d'*Amphitryon* qui cr
en la terre et en son mari, comme Ondine qui tente de réconcilier le rêve avec la dure réalité, comme la Folle de Chaillot
qui s'est juré de faire triompher le Bien. Si tentées qu'elles
aient été par l'aventure, les femmes de Giraudoux s'en
tiennent finalement à la condition humaine. Isabelle échappe
au Spectre et refuse ses troubles révélations pour épouser
l'honnête Contrôleur. A l'immortalité que lui propose Jupiter,
Alcmène préfère les plaisirs simples et les servitudes d'une
existence terrestre partagée avec Amphitryon. Toutes elles
accepteront la vieillesse et la mort, mais jusqu'au fond des
eaux Ondine gardera les habitudes et les gestes qu'elle a
contractés lors de son passage chez les humains. La simplicité et la conscience sont ainsi les antidotes de la fatalité : le
meilleur remède contre le tragique est de ne pas y croire.
De là la haine farouche dont Giraudoux a poursuivi dans
toute son œuvre les fabricants de tragédie, ceux qui se payent
de mots, et dont le langage bouffi révèle la vulgarité et pré-
figure la trahison, depuis l'Inspecteur d'*Intermezzo* jusqu'aux
Présidents d'*Électre* ou de *La Folle de Chaillot*, en passant
par le chantre des batailles Démokos, le belliciste de l'arrière
dans *La Guerre de Troie*.

Sa tendresse, il la réserve pour ceux qui font leur métier
d'hommes, à leur place, avec franchise, avec courage au
besoin, mais sans éloquence et sans emphase. C'est avec
émotion qu'il décèle le regard des humbles, « mélange de
dévouement, de chassie et de crainte », et « cette prunelle
délavée et stérile des pauvres gens qui ne sécrète plus ni sous
le soleil ni sous le malheur », ou qu'il dénombre le tire-
bouchon, le cure-dent ou le bout de crayon-encre trouvés
dans leurs poches. C'est avec un serrement de cœur qu'Hector
voit dans l'adversaire « derrière sa bave et ses yeux blancs,
toute l'impuissance et tout le dévouement du pauvre fonctionnaire humain qu'il est, du pauvre mari et gendre, du
pauvre cousin germain, du pauvre amateur de raki et d'olives
qu'il est ». On sent le poète touché jusqu'au plus profond de
lui-même par le spectacle d'un monde en perpétuel porte-
à-faux, de ces êtres qui ne demanderaient qu'à vivre tran-
quilles, « pleins de famille, d'olives, de paix », et qu'un
aveugle destin précipite les uns contre les autres. Cela suffi-

rait à détruire la légende d'un Giraudoux insensible, assistant d'une autre planète aux drames quotidiens et éternels de l'aventure humaine.

A la fois désireux de ne rien laisser échapper du réel, et convaincu que le langage de la scène se doit d'être différent du langage de la rue ou des salons (cf. *L'Impromptu de Paris*), Giraudoux a exprimé sa vision du monde à l'aide d'un style neuf, à la fois littéraire et théâtral, poétique et spirituel, qui lui a valu d'être taxé de « précieux ». Or, en traduisant à sa manière les nuances les plus subtiles de l'âme ou les plus fugitives intuitions de l'esprit, en nouant les alliances et les correspondances les plus inattendues, Giraudoux ne fait que redonner sa jeunesse et sa fraîcheur à un monde usé par nos habitudes de pensée et nos automatismes. Qu'il utilise toutes les ressources du vocabulaire (en particulier les mots techniques) ou qu'il cultive la métaphore et l'anachronisme, il n'y a là de sa part nulle fantaisie gratuite, mais le souci de conjurer les fatalités du monde en retrouvant la pureté de l'enfance et l'essence permanente des choses. Nul artifice dans ce jeu qui correspond à une conception animiste de l'univers, où tout vit, où tout est solidaire, où les plantes, les objets, les animaux et les hommes se trouvent réconciliés.

L'esprit même de Giraudoux, en associant ou en dissociant des idées et des images que la vie ordinaire tend à séparer ou à unir irrémédiablement, contribue à créer un univers de « sympathies » dont la loi est la fraternité.

Certes, plus que tout autre, un pareil théâtre exige un lecteur ou un spectateur complices. Il faut de la culture et du goût pour entendre l'allusion ou capter le trait. Mais ce n'est pas pour autant un théâtre de virtuose ou d'intellectuel. On a vu la profondeur de ses résonances et l'humanité de sa vision poétique. Il reste maintenant à découvrir sa valeur proprement dramatique : l'analyse de *La Guerre de Troie n'aura pas lieu* servira d'exemple à cet égard.

Analyse $\boxed{2}$

La pièce fut représentée pour la première fois au Théâtre de l'Athénée, sous la direction de Louis Jouvet, le 21 novembre 1935. Déjà la guerre tenait une place importante dans l'œuvre romanesque et théâtrale de Giraudoux : elle devient cette fois le sujet unique de la pièce, comme elle était celui des conversations et des angoisses de l'Europe à cette date. Comment parler de la guerre - qui couvait en 1935 - sans mettre le feu aux passions ? Une fois de plus Giraudoux a choisi la fiction antique et l'allusion. C'est de la guerre qu'il s'agit, mais ses personnages sont ceux de *l'Iliade*.

On se rappelle que le prétexte de la légendaire guerre de Troie fut l'enlèvement d'Hélène, femme de Ménélas, roi de Sparte, par le beau Troyen Pâris. Ménélas outragé plaida sa cause auprès de tous les Grecs. L'expédition eut lieu. Au bout de dix ans, Troie fut vaincue, la ville incendiée, et son héros Hector tué par Achille, cependant que sa veuve Andromaque était emmenée en esclavage par le fils du vainqueur. Après Homère, après Euripide, après Racine, Giraudoux reprend le vieux mythe.

PERSONNAGES

Hécube :	femme de Priam, roi de Troie
Cassandre :	fille de Priam et d'Hécube, prophétesse
La petite Polyxène :	dernière fille de Priam et d'Hécube
Andromaque :	femme d'Hector
Hélène :	femme de Ménélas, roi de Sparte. Fille de Léda et de Jupiter (qui avait pris la forme d'un cygne)
La Paix :	apparition
Iris :	messagère des dieux

Servantes et Troyennes

Priam :	roi de Troie, époux d'Hécube
Hector :	fils aîné de Priam et d'Hécube, époux d'Andromaque
Pâris :	fils cadet de Priam et d'Hécube
Troïlus :	dernier fils de Priam et d'Hécube
Démokos :	poète belliciste
Le Géomètre *Abnéos*	vieillards troyens
Le gabier *Olpidès*	marins troyens
Busiris :	juriste sicilien
Ulysse :	prince et chef grec
Oiax :	capitaine grec

Vieillards

Messagers

La pièce se passe à Troie avant que la guerre n'éclate. Les Grecs ont décidé d'envoyer un ambassadeur pour demander raison aux Troyens de l'enlèvement d'Hélène. On attend le délégué des Grecs, Ulysse et sa suite. Nous sommes sur la terrasse d'un rempart. Pierres blanches et colonnades s'inscrivent sur le bleu du ciel. Andromaque en crêpe violet s'entretient avec sa belle-sœur la prophétesse Cassandre en voile noir. La guerre aura-t-elle lieu ?

Andromaque est pleine de confiance, mais Cassandre s'ingénie à la troubler en lui affirmant que le destin s'agite. Cependant arrive Hector, heureux et ému de retrouver sa femme et d'apprendre qu'elle attend un enfant. Il revient de la guerre, et il est bien décidé à ne pas se battre de nouveau, surtout pour un prétexte aussi futile que celui qu'il vient d'apprendre. Aussi a-t-il convoqué son jeune frère Pâris, le principal responsable. Au cours d'une scène amusante où s'oppose la raideur de l'aîné à la légèreté du cadet, Hector obtient de Pâris la promesse qu'il laissera repartir Hélène si Priam y consent. Mais Cassandre lui révèle que le vieux roi Priam et tous les vieillards de la ville ne veulent pas renoncer à celle qu'ils appellent la Beauté. Ce sont eux qui composent le clan de la guerre, et ils s'efforcent par tous les moyens de la rendre inévitable. Leur chef est le poète Démokos. Les voici tous réunis. Hector, soutenu par sa femme Andromaque et sa mère Hécube, leur tient tête. Il se fait fort d'obtenir d'Hélène qu'elle quitte Troie, et, malgré Démokos, qui dénonce la remise d'Hélène aux Grecs comme une lâcheté et une atteinte à l'honneur national, Priam s'apprête à fermer solennellement les Portes de la Guerre.

Et voici l'entrevue tant attendue (elle n'a lieu qu'à la septième scène) entre Hector et Hélène, le Troyen et la Grecque, l'homme et la femme, Goliath et David. Deux êtres qui ne peuvent se comprendre. Un dialogue de sourds. Non qu'Hélène soit contrariante ou opposée à son départ. Elle avoue même volontiers à Hector que sa liaison avec Pâris ne peut s'appeler de l'amour. Elle fera donc ce qu'on voudra, et accepte de rentrer en Grèce.

La première manche semble gagnée.

Elle ne l'est pas, car Hector se heurte depuis le début à un obstacle invisible, beaucoup plus redoutable que les hommes. Il est représenté par les « dieux » et le destin. Les dieux s'acharnent et la fatalité est en marche. Déjà Cassandre tenait compte « de deux bêtises, celle des hommes et celle des éléments ». Quant à Hélène, elle sent que l'enjeu la dépasse, et elle « ne se voit pas » rentrant au palais de Ménélas. Quand on sait qu'Hélène a une sorte de divination prophétique, et que seuls ont lieu les événements qu'elle « voit », on comprend que l'expression dont elle se sert n'a rien de banal. Oui, répond-elle à Hector, oui, je veux bien partir. Oui, je suis d'accord avec vous. - « Écoute-la, Cassandre, dit Hector exaspéré. Écoute ce bloc de négation qui dit oui. Tous m'ont cédé. Pâris m'a cédé. Priam m'a cédé. Hélène me cède. Et je sens qu'au contraire j'ai perdu. » Restée seule avec Cassandre dans la scène suivante, Hélène lui demande d'évoquer la paix. Celle-ci apparaît sous les traits misérables d'une pâle fillette (« elle écoute en mendiante derrière chaque porte »), mais elle a beau se mettre du rouge, Hélène la voit de moins en moins.

Dans le deuxième et dernier acte, les événements vont se précipiter. Pendant qu'Hélène fait la coquette avec le jeune frère de Pâris et d'Hector, Troïlus, âgé de quinze ans, et lui promet tranquillement devant Pâris qu'ils s'embrasseront un jour, le conseil des anciens se réunit devant le monument des Portes de la Guerre sous la présidence de Démokos. C'est lui qui est chargé de composer le « chant de guerre », et d'organiser un « concours d'épithètes », c'est-à-dire d'insultes, pour mettre à vif l'épiderme des ennemis. C'est lui qui a convoqué le juriste Busiris, un Sicilien, pour présenter le débarquement des Grecs comme une offense aux Troyens. Hector déjoue la manœuvre du parti de la guerre, et prononce un « discours aux morts » qui est une déclaration de paix. Mais les esprits sont surexcités par l'arrivée d'Ulysse et des Grecs de sa suite. Belle occasion pour Démokos de se déchaîner contre l'ennemi héréditaire. On est à la merci du moindre incident, provoqué ou non. Voici justement qu'arrive un Grec ivre, Oiax, qui injurie et gifle Hector. Mais celui-ci est prêt à tout pour éviter l'irréparable. Il accepte l'affront, et se contient même quand Oiax s'en prend grossièrement à Andromaque. Il essaie de faire taire les marins de Pâris qui, aux applaudissements de la foule, décrivent en termes fort peu ambigus la « lune de miel » de leur capitaine. Presque à bout de résistance, au cours d'une scène admirable entre les deux négociateurs que l'on a laissés en tête-à-tête, sur l'ordre de Zeus transmis par Iris, il obtient d'Ulysse qu'il reparte avec Hélène. Mais c'était compter sans Démokos qui ameute la ville et l'appelle aux armes. Pour le faire taire et sauver la paix, Hector le frappe à mort de son javelot. La pièce aurait pu se terminer là. « La guerre n'aura pas lieu, Andromaque ! » dit Hector, et de fait le rideau commence à tomber. A ce moment se produit un coup de théâtre réellement extraordinaire. Démokos agonise, mais il veut sa guerre. Si on apprend que c'est Hector, un Troyen, un compatriote, qui l'a tué, elle lui échappe. De là ce mensonge qui en d'autres circonstances pourrait être sublime : c'est Oiax qu'il accuse du meurtre. La foule rattrape et lynche le Grec. La guerre aura lieu.

3 | Les personnages

Passons en revue les principaux acteurs de ce drame. Le plus simple est de les grouper par nationalités : il y a les Troyens et les autres.

LES TROYENS

A Troie, comme nous l'avons vu, deux clans s'opposent : d'un côté, les « colombes »; de l'autre, les « faucons ».

Le clan de la paix : Hector en est le chef.

• *Hector*

C'est l'*ancien combattant*. Il revient d'une guerre, et il n'a pas envie de recommencer. Peut-être croyait-il au début aux vertus de la guerre, mais il a compris maintenant que c'était une illusion dangereuse et un mensonge. « Tu sais, dit-il à Andromaque, quand on a découvert qu'un ami est menteur : de lui tout sonne faux alors, même ses vérités. »

On l'imagine volontiers robuste, sain, vigoureux. Il est jeune : tout au plus la trentaine. C'est un bon mari. Tout ce qu'il désire désormais, c'est vivre heureux auprès de sa femme. Aussi, quand Andromaque lui apprend que Pâris a enlevé Hélène, et que si on ne la rend pas, « c'est la guerre », il est prêt à tout pour obtenir la paix. Habitué à commander et à faire céder les hommes, il est plein de confiance.

Hector : *Pourquoi ne la rendrait-on pas? Je la rendrai moi-même.*

Andromaque : *Pâris n'y consentira jamais.*

Hector : *Pâris m'aura cédé dans quelques minutes* (p. 25). Comme il le dit à Ulysse, il ne voit pas le rapport entre le rapt d'une femme et la guerre où l'un de leurs deux peuples périra. La logique triomphera donc.

Est-il intelligent ? Disons qu'il manque de finesse [1]. « *Les subtilités et les riens grecs m'échappent* », avoue-t-il ingénument, c'est-à-dire qu'il perd pied dès qu'il quitte le terrain solide de la raison et du bon sens. Il n'a pas compris qu'il avait à lutter contre un ennemi d'autant plus redoutable qu'il est plus mystérieux et plus insaisissable : l'irrationnel. C'est une épreuve pour ce... cartésien. De là son impatience, sa brusquerie et son irritation en face d'Hélène. Il reprend son éternel dilemme.

Hector : *Entre ce retour vers la Grèce qui ne vous déplaît pas, et une catastrophe aussi redoutable que la guerre, vous hésiteriez à choisir ?*

Hélène : *Vous ne me comprenez pas du tout, Hector. Je n'hésite pas à choisir (...). Ce n'est pas en manœuvrant des enfants qu'on détermine le destin* (p. 70).

C'est un dialogue de sourds. Il croit qu'elle le nargue.

Hector : *Choisissez-vous le départ, oui ou non ?*

Alors il use de l'intimidation :

Hector : *Tu repartiras ce soir pour la Grèce, Hélène, ou je te tue.*

Cette menace qui réussira si bien avec Busiris, accompagnée d'ironie et d'humour, quand il sommera le juriste de trouver une interprétation qui sauvegarde la paix, s'avère dérisoire quand il se heurte au destin ou à ses instruments.

Il ne comprend pas davantage Ulysse, qui pourtant ne demande, lui aussi, qu'à éviter la guerre.

Hector : *Partez, puisque vous me refusez votre aide.*

Ulysse : *Comprenez-moi, Hector !... Mon aide vous est acquise. Ne m'en veuillez pas d'interpréter le sort* (p. 176).

Le malentendu règne : ce sont là pour Hector des termes sibyllins. Alors, si calme d'ordinaire, si maître de lui au début, il sentira monter peu à peu sa colère en même temps qu'il mesurera son impuissance. Rien n'est plus poignant que de voir ce « général sincère » multiplier les petits mensonges,

---

1. Remarquons à ce sujet que si Giraudoux a fait aux femmes, aux jeunes filles surtout, une place de choix dans son œuvre, et s'il les a traitées avec une exquise délicatesse, il semble que les hommes soient en général peu flattés. Si l'on excepte Holopherne (dans *Judith*) et Égisthe (dans *Électre*) qui sont tous deux les égaux des héroïnes, combien balourds à côté d'Alcmène, d'Ondine ou d'Hélène paraissent Amphitryon ou Jupiter, Hans, et même notre Hector !

subir affronts et humiliations, recevoir une gifle sans broncher, résister à l'envie de châtier le Grec ivre Oiax, tant est farouche sa volonté d'assurer la paix, pour échouer finalement tout près du but, au moment même où il semblait avoir triomphé de tous les obstacles.

Il avait cependant laissé échapper une phrase dangereuse qui montre à quel degré d'exaspération il en était arrivé : « *A mesure que j'ai plus de haine pour elle* (pour la guerre), *il me vient d'ailleurs un désir plus incoercible de tuer* » (p. 176). Il ne croyait pas si bien dire. Paradoxalement, c'est la mort de Démokos qui rendra la guerre inévitable.

Quand, dans la première scène, Cassandre, pour faire peur à Andromaque, décrit la marche effrayante du destin qu'elle compare à celle d'un fauve, elle termine par ces mots :

Cassandre : *Et il monte sans bruit les escaliers du palais. Il pousse du mufle les portes... Le voilà, le voilà.*

La voix d'Hector : *Andromaque!*

Andromaque : *Tu mens!... C'est Hector.*

Cassandre : *Qui t'a dit autre chose?* (p. 14)

Nous voilà prévenus dès le début de la pièce : Hector est un des serviteurs du destin.

Hector est le seul homme d'abord à lutter en faveur de la paix. Mais il a avec lui toutes les femmes de Troie.

Et d'abord la sienne.

• *Andromaque*

Elle personnifie traditionnellement la fidélité et l'amour conjugal. Il n'était pas question pour Giraudoux de modifier sur ce point le comportement de l'épouse d'Hector. Elle sera donc la digne et tendre compagne de son mari, et elle l'aidera de son mieux dans sa tâche. Mais elle va évoluer.

Elle est au début de la pièce pleine de confiance et d'optimisme. Hector va revenir. Elle attend un enfant. Elle est « l'espérance toutes voiles dehors », comme dira Montherlant d'Inès de Castro. Mais peu à peu Cassandre va lui faire peur en annonçant à mots couverts la marche du destin.

Cependant Hector arrive, et c'est une délicieuse scène d'amour que l'on serait presque tenté de trouver badine dans son élégant marivaudage.

Hector : *Ce sera un fils, une fille ?*
Andromaque : *Qu'as-tu voulu créer en l'appelant ?*
Hector : *Mille garçons... Mille filles...*
Andromaque : *Pourquoi ? Tu croyais étreindre mille femmes ?* (p. 17)

Mais très vite on comprend qu'Andromaque essaye de cacher son inquiétude : la guerre menace. Andromaque la déteste et la redoute. Résolument pacifiste, elle démasque les guerriers, elle démystifie les « héros ». Et jusqu'au bout de la pièce, malgré l'assurance d'Hector, elle demeure tremblante et pessimiste.

Sentant la guerre inévitable, elle voudrait du moins qu'elle eût un sens. C'est ce qui explique la très curieuse démarche qu'elle entreprend auprès d'Hélène. Elle la supplie : aimez Pâris ! Elle a compris que leur aventure était bien banale, et qu'ils ne sont en somme qu'un « couple officiel ». Or seul un grand amour pourrait à la rigueur - pense-t-elle - justifier une guerre : « Ce ne sera plus qu'un fléau, non une injustice. » *Penser*, dit-elle, *que nous allons souffrir, mourir, pour un couple officiel, que la splendeur ou le malheur des âges, que les habitudes des cerveaux et des siècles vont se fonder sur l'aventure de deux êtres qui ne s'aimaient pas, c'est là l'horreur* (p. 132).

C'est qu'Andromaque, à l'amour-plaisir que définit Hélène, oppose dans un langage pathétique l'amour-passion, le seul qu'elle connaisse, celui qui est prêt à tous les sacrifices.

Andromaque : *Dites-moi que vous vous tuerez s'il mourait ! Que vous accepterez qu'on vous défigure pour qu'il vive !*

Elle est là, fiévreuse, pressée contre Hélène, au bord des larmes, car c'est sa vérité profonde qu'elle crie.

Alcmène aussi dans *Amphitryon 38* était l'incarnation de l'amour conjugal, mais elle l'exprimait avec plus de simplicité et de sérénité. Noble, sérieuse, Andromaque est indignée de la légèreté d'Hélène, et n'admet pas que la guerre éclate pour un prétexte si vain, et pour un amour de façade.

C'est aussi l'avis d'Hécube.

- *Hécube*

Femme de Priam [1], elle ne partage aucune des idées de son mari.

Alliée d'Hector, résolument antimilitariste et non-conformiste, avec son franc-parler, son langage familier et cru, ses saillies, son athéisme même, elle s'ébroue avec une sorte de joie au milieu des marionnettes solennelles qui l'entourent. En particulier elle ne manque pas une occasion de ridiculiser Démokos et de lui témoigner son mépris. Elle fait scandale ; elle le sait, elle le veut. C'est elle qui dénonce le culte des fausses valeurs, qui décape le vernis des grands mots. Exemple :

Hécube : *Tu as bien fait de les démasquer, Hector. Ils veulent faire la guerre pour une femme, c'est la façon d'aimer des impuissants* (p. 47).

Ou encore :

Hécube : *Nous connaissons le vocabulaire. L'homme en temps de guerre s'appelle le héros. Il peut ne pas en être plus brave, et fuir à toutes jambes. Mais c'est du moins un héros qui détale* (p. 52).

Malgré son âge, elle a gardé une vivacité et une verdeur qui font d'elle un personnage très attachant et pittoresque.

Quant à Cassandre, la sœur d'Hector, la devineresse, elle n'a pas à prendre parti dans le drame. Elle se borne à voir l'avenir, ou à croire qu'elle le voit.

Parmi les hommes, Pâris, le jeune frère d'Hector, évolue de façon intéressante.

- *Pâris*

Ravisseur d'Hélène, jeune et beau séducteur, Don Juan de plage, il pourrait être agaçant et insupportable de bêtise et de prétention.

Toute l'habileté de Giraudoux a été de lui donner une personnalité originale, et somme toute sympathique.

Dès son affrontement avec Hector, on mesure tout de suite la différence entre les deux frères. Pâris est plus jeune, plus léger, plus désinvolte. Jamais il ne se prend au sérieux,

---

1. Ils eurent, dit-on, plus de cinquante enfants. On ne verra dans la pièce de Giraudoux qu'Hector, Cassandre, Pâris, Troïlus, et la petite Polyxène.

et il paraît même assez ennuyé des proportions de son aventure. Ce n'était pour lui qu'un flirt de vacances. Hélène le change des femmes asiatiques, et amusé au début par sa nouvelle conquête, il tient tête à son frère aîné. Volontiers goguenard et impertinent, il a une façon inimitable de lui répondre, mi-bouduer mi-plaisant : « Que veux-tu que je te dise ? Mon cas est international. »

Mais il comprend assez vite que sa liaison ne vaut pas une guerre avec la Grèce. Au fond il n'aime pas plus Hélène qu'elle ne l'aime, et ils seront même d'accord pour se séparer. Se rendant compte de l'obstination des vieillards et de Démokos acharnés à précipiter le conflit, il se moque d'eux et seconde les efforts du clan de la paix. Ne se prête-t-il pas - ainsi qu'Hélène - à la fable inventée par Hector : mais oui, leur liaison était toute platonique, qu'y a-t-il là d'extraordinaire ? Il a même la pudeur de se faire oublier à la fin ; le prétexte de la guerre s'est effacé. Ce n'est pas de la faute de Pâris si elle éclate.

Après les partisans de la paix, ou du moins leurs alliés, voici les **partisans de la guerre**. Et d'abord leur chef.

• Démokos

C'est l'ennemi personnel d'Hector... et de Giraudoux, leur bête noire.

Son nom est déjà révélateur. Le préfixe grec (*Démos* : le peuple) indique le démagogue, celui qui flatte les passions populaires. Quant au suffixe en *Kos*, sa sonorité ajoute encore au mot une nuance déplaisante. Pâris ne le ménage pas : « Tu es lâche, ton haleine est fétide, et tu n'as aucun talent. »

Sans être un vieillard, il appartient au groupe de ceux que « l'âge éloigne du combat ». On l'imagine sale, bouffi, vulgaire. Sa mission est de « parler et d'écrire », et il se présente comme un « intellectuel » et un « poète ».

Démokos : *Qu'as-tu à me regarder ainsi ? Tu as l'air de détester autant la poésie que la guerre.*

Hector : *Va ! Ce sont les deux sœurs* (p. 59).

Quand il a « ses transes », il compose des vers détestables et se grise de mots. Hélène est pour lui le symbole de la beauté et il veut composer un hymne en son honneur.

Mais Démokos n'est pas Ronsard. La poésie chez lui

est au service de la guerre, non de l'amour, et il est temps d'attribuer à Démokos la véritable profession qui est la sienne, ou qu'il aurait du moins de nos jours : c'est un journaliste chargé de la propagande. Il écrit des articles, il parle à la radio. C'est le belliciste de l'arrière. Il se définit par cette phrase terrible dans son inconscience ou son cynisme : « *Puisque l'âge nous éloigne du combat, servons du moins à le rendre sans merci* » (p. 97). Vindicatif, haineux, il veut « porter au comble l'enthousiasme des soldats », et leur verser une ivresse morale à la mesure de l'ivresse physique que leur procure le vin à la résine à l'instant de l'assaut. C'est dire qu'il ne ménage pas les grands mots. Son langage est à l'image de son physique, prétentieux, arrogant, boursouflé. Le Courage, la Lâcheté, l'Héroïsme, l'Honneur, autant de majuscules derrière lesquelles s'installent le mensonge et l'imposture. Il aime les formules solennelles : « Le sexe à qui je dois ma mère »; il pontifie : « La lâcheté est de ne pas préférer à toute mort la mort pour son pays. » Tous les moyens lui sont bons pour chatouiller l'orgueil et l'amour-propre des combattants. C'est lui qui à l'aide d'un adjectif peut inquiéter, alarmer, exciter l'opinion. Il est chargé de composer le chant de guerre en exaltant le sang versé. Il propage les fausses nouvelles. Il insulte ses adversaires, les traite de brutes et d'ivrognes, et il sait user de tout l'appareil de la provocation, de toutes les déformations de la propagande, et de toutes les calomnies du racisme.

Mais il n'est pas seulement odieux, il est ridicule. C'est le *capitan* de la farce, ou le clown grotesque. Tout le monde se moque de lui, à part les vieillards. Le concours d'épithètes proposé par le Géomètre tourne à sa confusion. Il est l'objet de la risée des femmes, des servantes mêmes. Hécube ne perd pas une occasion de lui exprimer son mépris. A la fin, giflé par Oiax, giflé par Hector, il crie, il hurle : on dirait d'un enfant qui rage et trépigne : nous sommes pour un instant au cirque.

Pas pour longtemps. Le drame reparaît avec le coup de théâtre du dénouement. Frappé à mort par Hector au moment où il ameutait la ville et criait à la trahison, Démokos est capable avant de mourir d'un geste extraordinaire, qui, s'il était affecté d'un autre signe, s'il n'était pas mis au service de la guerre, serait grandiose. Accusant le Grec Oiax de sa mort, couvrant Hector de caresses, il rend la guerre de Troie inévitable. Une passion l'animait donc? Oui. Une passion dévorante, qui n'est hélas ! pas éteinte avec la civilisation, une passion qui allume les brasiers de la haine et attise les préjugés : le fanatisme.

● *Autour de Démokos*

Démokos a pour lui le vieux roi, Priam, Abnéos, le Géomètre, et tous les vieillards attachés à celle qu'ils appellent la Beauté. Ils sont surtout ridicules.

Démokos a encore une alliée de choix, anonyme, irresponsable, une alliée aux mille visages et aux mille voix qui donne au conflit sa résonance et son ampleur : la foule. Chauvine, cocardière, grossière, c'est elle qui excite et applaudit le Gabier et Olpidès quand ils racontent les ébats de Pâris et d'Hélène sur le bateau, elle qui brocarde et insulte les Grecs, elle enfin qui provoquera la guerre en lynchant Oiax. *La Guerre de Troie* est un violent pamphlet contre la foule vulgaire, lâche et bornée.

LES ÉTRANGERS

D'abord un neutre, Busiris.

● *Busiris*

Il n'a qu'un rôle épisodique, une scène qu'on avait même supprimée lors de la générale [1], mais ce fantoche contribue beaucoup à la signification et à la portée de la pièce.

Busiris est « le plus grand expert vivant du droit des peuples ». Il est de Syracuse, et, à la demande de Démokos, il est consulté sur un point de droit international. A l'entendre, la flotte grecque a gravement offensé la marine troyenne. C'est un *casus belli*. Mais Hector le prie, puis le somme de trouver une thèse qui permette de sauver la face. Alors Busiris découvre sans difficulté dans son arsenal de juriste des arguments techniques propres à sauvegarder l'honneur national des Troyens.

1. L'acteur Boverio pour qui Giraudoux avait écrit le rôle était tombé malade.

La satire de la justice et du langage juridique rend la scène très savoureuse. Busiris est un personnage de farce par son jargon solennel et la dignité avec laquelle il retourne sa veste.

Restent **les Grecs.**

D'abord celui que Busiris appelle « le plus brutal et le plus mauvais coucheur des Grecs ».

• *Oiax* [1]

Officier de marine de la suite d'Ulysse, il n'est pas un mauvais bougre dans le fond, mais il devient grossier quand il est pris de boisson. Ivre au moment où il débarque, il cherche l'incident. Il provoque Hector, le gifle, puis gifle Démokos, mais, déconcerté par le sang-froid d'Hector, et d'ailleurs dégrisé, il se calme et plaisante cordialement avec le Troyen. Il essaie bien à la fin de lutiner Andromaque, et il s'en faut de peu qu'Hector exaspéré ne le tue, mais Giraudoux lui réservait une autre mort plus affreuse, et qui est comme le symbole du malentendu d'où naîtra la guerre : Oiax sera lynché par la foule qui le croit coupable du meurtre de Démokos.

• *Ulysse*

C'est lui que l'on attend, et son arrivée a été très habilement différée jusqu'à la fin de la pièce. Le plénipotentiaire que les Grecs ont choisi est précédé d'une réputation de sagesse, d'intelligence, et plus encore de finesse qu'il ne démentira pas. Au sourire et à l'ironie légère de l' « Ulysse aux mille tours », le diplomate créé par Giraudoux alliera une connaissance profonde des hommes et de l'histoire, et une mystérieuse prescience de l'avenir.

En principe il est chargé de réclamer Hélène. Sinon c'est la guerre. En fait, il sait que les choses se présentent différemment parce que le destin est entré en jeu. Dans la « rencontre au sommet » où s'opposent les « deux grands », Ulysse explique son fatalisme, et à Hector qui lui demande s'il veut la guerre, il répond par cette phrase qui pourrait résumer la

---

1. Par une confusion assez naturelle, dans leur compte rendu de la pièce le lendemain de la générale, plusieurs critiques l'ont appelé Ajax.

pièce : « *Je ne la veux pas. Mais je suis moins sûr de ses intentions à elle* » (p. 169).

Prêter des intentions à la guerre, qu'est-ce que cela signifie ? Cela signifie que les hommes et les chefs auront beau faire, ils ne pourront empêcher « *l'inéluctable* ». « *L'univers le sait, nous allons nous battre.* » De là le ton triste et désabusé du Grec qui sent la pression de la fatalité, nous dirions aujourd'hui le « vent de l'Histoire ». Il a compris le rôle d'Hélène, qu'il connaît depuis longtemps, « *une des rares créatures que le destin met en circulation sur la terre pour son usage personnel* » (p. 175).

Alors il essaye de *ruser contre le destin, d'aller contre le sort*, c'est-à-dire d'accepter sans rançon ni représailles la restitution d'Hélène, mais il n'a guère confiance. Son départ est peut-être le moment le plus dramatique de la pièce. L'attentat menace. Comment les spectateurs de l'époque n'auraient-ils pas pensé à celui dont fut victime le roi Alexandre de Yougoslavie à Marseille en 1934, l'année précédant la pièce de Giraudoux ?

Toute cette scène si pleine d'allusions historiques [1] a pourtant une portée éternelle, et plus tard les lecteurs ou les spectateurs qui auront été les contemporains du nazisme découvriront que la phrase « les Grecs pensent qu'ils sont à l'étroit sur du roc » définissait avant la lettre la théorie hitlérienne de l'espace vital.

• *Hélène*

Toute gracieuse et menue, elle s'avance sur la pointe des pieds, et l'on dirait qu'elle danse. Rien en elle « qui pèse ou qui pose »... Celle qui est le prétexte et l'enjeu de la guerre, celle qui est l'instrument du destin est légère, transparente, aérienne. N'est-elle pas la fille du roi de l'Olympe, et n'est-ce pas sous la forme d'un cygne que Jupiter s'était approché de Léda ?

Elle a l'air d'un petit être fragile et primitif, aux réactions instinctives et quasi inconscientes. Mais on s'aperçoit vite qu'elle est fine, spirituelle, profonde même.

---

1. Cet « innocent village », cette « terrasse au bord d'un lac », où se rencontrent les négociateurs, désignent évidemment la ville de Locarno sur le Lac Majeur, où avait été signé en 1925 un pacte destiné à sauvegarder la paix entre la France et l'Allemagne.

Non par l'idée qu'elle se fait de l'amour. Elle avoue qu'elle « n'aime pas très particulièrement Pâris », et elle explique tranquillement à Andromaque sa préférence pour ce qu'elle appelle l'aimantation, c'est-à-dire un amour fondé sur le goût et le plaisir, mais qui n'engage nullement la personnalité tout entière. Elle ignore la fidélité et la passion, elle s'amuse à faire la coquette avec Troïlus, le jeune frère de Pâris, et devant son amant elle lui promet : « Nous nous embrasserons, Troïlus, je t'en réponds. » Ce n'est donc pas elle qui s'opposera à son départ pour la Grèce. Elle n'est pas du tout contrariante, elle fera ce qu'on voudra. Elle entre même dans le jeu d'Hector, et se prête de bonne grâce à ses petits mensonges lorsqu'il affirme par exemple qu'Oiax n'a pas giflé Démokos ou que Pâris n'a pas touché Hélène. Hector la prend même à témoin les deux fois en public, tant il est sûr de sa complicité :

Hector : *On ne l'a pas giflé du tout, n'est-ce pas, Hélène?*

Hélène : *Je regardais pourtant bien, je n'ai rien vu* (p. 145).

Et dans la scène des gabiers :

Hector : *Pâris n'a pas touché Hélène. Tous deux m'ont fait leurs confidences.*

Ulysse : *Quelle est cette histoire?*

Hector : *La vraie histoire, n'est-ce pas, Hélène?*

Hélène : *Qu'a-t-elle d'extraordinaire?* (p. 153)

Hélène se laissera donc facilement persuader de repartir le soir même pour Sparte.

« *Mais n'allez pourtant pas croire*, dit-elle à Hector, *parce que vous avez convaincu la plus faible des femmes, que vous avez convaincu l'avenir* » (p. 70). Qu'est-ce à dire, sinon qu'elle sent que la partie qui se joue dépasse de beaucoup sa petite personne, et qu'elle n'est qu'un jouet aux mains de la fatalité? Elle comprend que « tout n'est pas si simple », et elle devine le rôle des éléments irrationnels dans le déclenchement du conflit. Comme Ulysse, elle est voyante à sa manière : elle contemple déjà la bataille, la chute et l'incendie de Troie, la mort de Pâris, celle d'Hector. « *Entre les objets et les êtres, certains sont colorés pour moi. Ceux-là je les vois* » (p. 65) disait-elle à Hector dès leur première entrevue. Et de même qu'elle ne « se voyait pas rentrant au palais de Ménélas », de même elle ne voit pas la paix qui s'est pourtant mis du rouge pour être plus visible.

La poésie qui émane de la fille de Léda vient justement de

sa vision du monde. Peu douée pour l'abstraction, elle vit dans un royaume d'images, et son langage emprunte ses couleurs et ses vibrations aux étoiles, aux plantes, aux animaux. Aux oiseaux surtout qui sont ses frères et qu'elle évoque avec émotion.

Hélène est la créature la plus mystérieuse et la plus attachante de toute l'œuvre de Giraudoux. C'est quand on la croit la plus indifférente qu'elle est la plus avertie, la plus égoïste qu'elle est la plus humaine, la plus frivole qu'elle est la plus profonde, la plus faible qu'elle est la mieux armée. On est tenté de la prendre pour une enfant, et c'est une femme que l'on a devant soi.

On a l'impression que c'est à Ulysse et à Hélène qu'ont été réservés les deux rôles les plus délicats de la pièce. Ces deux Grecs ont la partie belle, et sont une preuve de l'hellénisme exquis de Giraudoux. Ce sont eux qui dans la langue la plus raffinée, la plus séduisante, la plus imagée, expriment les idées les plus subtiles et peut-être les plus voisines - par leur absence d'illusion et leur scepticisme - de celles de l'auteur lui-même.

4 | Les thèmes

On peut distinguer dans *La Guerre de Troie n'aura pas lieu* trois thèmes principaux, d'ailleurs étroitement mêlés. C'est seulement pour la clarté de l'analyse qu'ils seront ici séparés.

LE THÈME DE LA GUERRE

Le but essentiel de la pièce de Giraudoux est évidemment de démystifier la guerre, de détruire sa légende, c'est-à-dire de la dépouiller de tout l'appareil de la gloire et de l'héroïsme, en dénonçant les mensonges dont elle est l'occasion, et en insistant sur les horreurs et les catastrophes qu'elle provoque.

Contre les chantres de la guerre, contre ceux qui la croient biologiquement nécessaire à l'espèce, contre ceux qui en vantent les mérites et exaltent les morts pour la patrie (Corneille, Hugo, Péguy), Giraudoux nous propose une vision d'où tout lyrisme est exclu.

A l'image d'Épinal du brave soldat qui défile après la victoire sous les arcs de triomphe, il substitue l'évocation réaliste du champ de bataille. Comme le dit Andromaque, « *ce sont les braves qui meurent à la guerre. Pour ne pas y être tué, il faut un grand hasard ou une grande habileté (...) Les soldats qui défilent sous les arcs de triomphe sont ceux qui ont déserté la mort* » (p. 53).

Avec l'héroïsme, c'est « l'honneur » qui est la principale cible de l'auteur car se développent avec lui non seulement l'amour-propre et la susceptibilité, mais l'orgueil et la vanité, et enfin la haine. Quand les navires des Grecs sont en vue, le messager annonce qu'ils ont hissé leur pavillon « au ramat et non à l'écoutière ». « L'honneur de notre marine est en jeu » dit-il, et même Priam craint que l'envoyé ne soit massacré à son débarquement. La Paix s'étonne :

La Paix : *Que se passe-t-il donc? Pourquoi les hommes dans la ville et sur la plage poussent-ils ces cris?*

Cassandre : *Il paraît que leurs dieux entrent dans le jeu et aussi leur honneur.*

La Paix : *Leurs dieux! Leur honneur!*

Cassandre : *Oui... Tu es malade!* (p. 81)

C'est dans les mêmes termes que Démokos prétend s'opposer à la venue des Grecs :

Démokos : *Ils ne débarqueront pas. Notre honneur est en jeu. Nous serions la risée du monde* (p. 107).

L'Héroïsme, la Gloire, l'Honneur - avec des majuscules - sont de ces grands mots à travers lesquels s'insinuent l'équivoque, le mensonge et le crime. En temps de guerre toutes les valeurs sont faussées : la justice est bafouée, la vérité change de visage. La scène où le juriste Busiris, consulté sur un point de droit international, énumère d'abord les « manquements » graves dont les Grecs se sont rendus coupables vis-à-vis de Troie, et, devant la menace d'Hector, se contredit ensuite avec la même assurance, cette scène est non seulement un modèle de retournement de situation, mais une vigoureuse satire de la justice et de l'idée de vérité. Le droit est « la plus puissante des écoles de l'imagination, jamais poète n'a interprété la nature aussi librement qu'un juriste la réalité », et quand Busiris proteste avec hauteur : « Je ne peux vous donner qu'une aide, la vérité », Hector saisit la balle au bond : « Justement. Trouve une vérité qui nous sauve... Forge-nous une vérité. »

A travers le scepticisme de Giraudoux, on voit la fragilité et la précarité des arguments sur lesquels se fonde la guerre. C'est alors qu'intervient cette force redoutable qu'il appelle la *poésie*, c'est-à-dire la propagande, autre forme du mensonge :

Hécube : *Dès que la guerre est déclarée, impossible de tenir les poètes. La rime c'est encore le meilleur tambour.*

Démokos le sait mieux que personne :

Démokos : *Car il ne suffit pas, à la guerre, de fourbir des armes à nos soldats. Il est indispensable de porter au comble leur enthousiasme. L'ivresse physique, que leurs chefs obtiendront à l'instant de l'assaut par un vin à la résine vigoureusement placé, restera vis-à-vis des Grecs inefficiente, si elle ne se double de l'ivresse morale que nous, les poètes, allons leur verser.*

Le mot ivresse est caractéristique. Il s'agit d'une aliénation délibérée qui fait de l'homme une bête, et de l'ennemi l'incarnation de l'Autre, le symbole du Mal. C'est pourquoi le Géomètre propose un concours d'épithètes pour mieux injurier ceux d'en face. « Si nos soldats ne sont pas au moins à égalité dans le combat d'épithètes, ils perdront tout goût à l'insulte, à la calomnie, et par suite immanquablement à la guerre ». Le propos de Giraudoux est au contraire de rapprocher de nous l'adversaire, de l'humaniser, de lui donner un visage de frère, en insistant au besoin sur ses infirmités :

Hector : *On a pitié de lui, on voit en lui, derrière sa bave et ses yeux blancs, toute l'impuissance et tout le dévouement du pauvre fonctionnaire humain qu'il est, du pauvre mari et gendre, du pauvre cousin germain, du pauvre amateur de raki et d'olives qu'il est. On a de l'amour pour lui. On aime sa verrue sur sa joue, sa taie dans son œil...*

C'est aussi ce que dit Ulysse quand il évoque les chefs des peuples en conflit :

Ulysse : *... Ils ne trouvent dans le visage d'en face aucun trait qui justifie la haine, aucun trait qui n'appelle l'amour humain, et rien d'incompatible non plus dans leurs langages, dans leur façon de se gratter le nez ou de boire.*

Le détail familier concrétise la fraternité.

La scène la plus forte et la plus audacieuse de la pièce est assurément celle où Hector prononce le « discours aux morts ». Il avait pourtant été formel : « Il n'y aura pas de discours aux morts. » Déjà dans *Bella* (1926) Giraudoux avait dénoncé le scandale de ce genre d'éloquence et de l'exploitation à des fins politiques des victimes de la guerre. Il y racontait comment le ministre Rebendart inaugura le monument aux élèves du lycée tués à la guerre [1].

Le discours aux morts d'Hector dans *La Guerre de Troie* sera la réponse au discours qu'avait prononcé Démokos -

---

[1]. Nous reproduisons en annexe ce passage si remarquable de *Bella*, que l'on pourra utilement comparer au discours d'Hector.

je veux dire Rebendart - dans *Bella*. Ce sera, neuf ans après, la réponse d'un « général sincère » aux mensonges officiels.

Quelques années auparavant, dans sa pièce *Siegfried* (1928), Giraudoux avait déjà souligné avec force la vanité des éloges funèbres prononcés par des vivants (« Va dire à un mort qu'il est un grand mort »). Mais ici il porte le non-conformisme à son comble, et fait tenir à Hector immobile devant les Portes de la Guerre des propos qui n'avaient pas encore retenti sur une scène, et auxquels le débit de Jouvet prêtait une émotion contenue et une sorte de tremblement intérieur.

Au panégyrique systématique, il oppose un réalisme lucide qui ne ménage pas plus les morts que les vivants : « *Tout morts que vous êtes, il y a chez vous la même proportion de braves et de peureux que chez nous qui avons survécu.* » Au contraire Priam déclarait : « Le général victorieux doit rendre hommage aux morts. » Hector ne recule pas devant la vision dramatique des cadavres. Ils sont *absents, inexistants, oubliés, sans occupation, sans repos, sans être*. Les morts sont frustrés.

Au « *plaidoyer hypocrite pour les vivants* », il substitue une condamnation sans appel de la guerre - « *la recette la plus sordide pour égaliser les humains* » - et une revendication passionnée en faveur de la vie - « nous avons deux yeux..., nous voyons le soleil, nous mangeons, nous buvons, nous connaissons le clair de lune, et l'amour, et la chaleur et le ciel ».

Au sentiment de la gloire, il oppose enfin le sentiment de la honte, et refusant le mythe rassurant du héros, il souligne la mauvaise conscience des survivants : la vie qu'ils doivent aux morts est un *privilège* et un *vol*.

Ce n'est pas le lieu d'apprécier ici le style de Giraudoux, mais comment séparer les idées exprimées dans ce discours de la gravité des termes et de la noblesse du ton ?

Bien des allusions contribuaient pour les contemporains à préciser le thème de la guerre. La paix avait été signée entre la France et l'Allemagne après la guerre 14-18, mais la lutte sourde continuait entre les deux pays, et entre les hommes politiques français. Comme au temps de *Bella*, deux clans s'affrontaient. Le clan de Poincaré - le Rebendart de *Bella* -, nationaliste et chauvin, le clan de Briand et de

Philippe Berthelot qui entendait mener une politique de réconciliation, assurer une paix durable, et reconstruire l'Europe avaient des successeurs. L'entretien d'Ulysse avec Hector dans *La Guerre de Troie* rappelle les conférences internationales de l'entre-deux-guerres, et les vains efforts des diplomates pour conjurer le conflit.

Pourquoi vains ? Ulysse l'a dit, comme nous l'avons vu. Il ne veut pas la guerre. Mais il est « moins sûr de ses intentions *à elle* ».

LE THÈME DU DESTIN

La guerre est en effet personnifiée tout au long de la pièce. On parle d'elle comme d'un être humain qui a des sentiments, des réactions propres.

Démokos : *Je la connais, la guerre... Elle dédaigne les affronts du temps de la paix. Mais dès qu'elle est présente, son orgueil est à vif, on ne gagne sa faveur, on ne la gagne que si on la complimente et la caresse.* Elle semble bien poursuivre ses buts, indépendamment des efforts des hommes. C'est qu'elle est voulue par le *destin*, et voici le deuxième thème, étroitement lié au premier. Plusieurs mots sont ici synonymes et employés indifféremment par Giraudoux : le destin, le sort, la fatalité, l'avenir, les dieux, les éléments. Dès la première scène, Cassandre expliquait à Andromaque les raisons de son pessimisme : « Je ne vois rien, disait-elle, je ne prévois rien. Je tiens seulement compte de deux bêtises, celle des hommes et celle des éléments. » Et elle précise ce qu'elle entend par là : le destin s'est mis en marche, et rien ne peut l'arrêter. Hector même le reconnaît dans une évocation terrifiante.

Hector : *Si toutes les mères coupent l'index droit de leur fils, les armées de l'univers se feront la guerre sans index... Et si elles lui coupent la jambe droite, les armées seront unijambistes... Et si elles lui crèvent les yeux, les armées seront aveugles, mais il y aura des armées, et dans la mêlée elles se chercheront le défaut de l'aine, ou la gorge, à tâtons...*

Bien entendu, les hommes ont leur part de responsabilité : ce sont leurs « affirmations » - c'est-à-dire leur intolérance, leur fanatisme, leur folie - qui arrachent les dieux à leur sommeil. Mais une fois qu'ils sont réveillés, les événements vont se précipiter d'une façon irrésistible : le destin, comme le dit Cassandre, est « la forme accélérée du temps ». Hector croit avoir convaincu Hélène, mais il n'en a pas pour autant « convaincu l'avenir ». « L'univers le sait, nous allons nous battre », dit Ulysse. Le destin a « surélevé deux peuples » pour « se ménager son festival », et tout ce que peuvent les hommes de bonne volonté, c'est essayer de ruser contre le sort. Giraudoux a ainsi montré que bien souvent la guerre risquait d'échapper aux hommes, et combien grande était l'importance des éléments irrationnels, des « hasards », dans son déclenchement. Un Tolstoï (dans *La Guerre et la Paix*) ou plus tard un Julien Gracq (dans *Le Rivage des Syrtes*) avaient abouti ou aboutiront à des conclusions semblables, mais c'était la première fois qu'au théâtre se révélaient la fatalité de la guerre et ses multiples visages.

Car le destin s'est assuré des concours parmi les humains qui seront ses instruments ou ses otages. Les uns seront conscients du rôle qu'ils jouent, comme Démokos. Les autres, Pâris, Hélène, Troïlus, Hector seront les prisonniers ou les jouets du sort.

LE THÈME DE L'ABSURDE

Il y a en effet dans la pièce un troisième thème qui se mêle aux deux premiers, mais n'apparaît dans toute son ampleur qu'à la fin. Ce qu'il y a de pire, c'est que la guerre n'était pas seulement un crime, mais une faute : plus qu'un fléau, une absurdité : elle n'était justifiée par rien.

L'enlèvement de la femme de Ménélas est le *prétexte* de la guerre. Mais qui croit sérieusement que c'est une *raison* de son déclenchement ? Pâris et Hélène ne font-ils pas l'un et l'autre tout ce qu'ils peuvent pour empêcher le conflit ? Il y a plus grave : ils ne s'aiment pas, ou ils ne s'aiment plus. Pâris parle d'elle comme d'une « gentille personne », et avoue que « l'amour comporte des moments vraiment exaltants, ce sont les ruptures ». Hélène reconnaît qu'elle est volontiers coquette, qu'elle « ne déteste pas » les hommes et qu'elle aime les frotter contre elle « comme de grands savons ». C'est pourquoi, Giraudoux a imaginé le personnage de Troïlus, le jeune frère de Pâris auquel Hélène avait promis de l'embrasser. Et l'auteur a choisi de nous laisser pour dernière image de sa pièce la vision des Portes de la Guerre qui s'ouvrent lentement en découvrant le jeune couple enlacé. Oui, ce n'est pas le couple Pâris-Hélène qu'on nous montre, celui dont l'amour aurait pu à la rigueur justifier la guerre, un couple de légende comme Tristan et Yseut ou Roméo et Juliette; c'est par une burlesque dérision un couple fortuit et sans lendemain. Et voilà pourquoi éclate la guerre ! Et voilà pourquoi des villes vont brûler, pourquoi des hommes seront massacrés !

Cette vision nous fait presque oublier celui qui, plus encore qu'Hélène, a été l'instrument inconscient du Destin. Hélène n'en était que l'incarnation. Hector en est le bras. C'est Hector-le-Pacifique, Hector-le-Juste, qui va accomplir le geste fatal. C'est lui qui en croyant assurer définitivement la paix va déchaîner les forces obscures de la guerre. En tuant Démokos par un acte inconsidéré auquel les dieux ont donné l'apparence de la sagesse héroïque, il provoque l'irréparable. Son acte lui échappe et il en sera la dupe et la victime. Ne dirait-on pas que Giraudoux a ajouté un nouveau commentaire tragique au célèbre « *Quos vult perdere Jupiter dementat* » (Ceux que Jupiter veut perdre, il les rend fous) des Anciens, et devancé sur ce point les philosophes de l'absurde ?

Quant au dernier mot de la pièce, il n'est pas moins révélateur de l'amère ironie de Giraudoux : « Le poète troyen est mort, dit Cassandre, la parole est au poète grec. » Qu'est-ce à dire, sinon qu'après la mort de Démokos qui aurait chanté la version troyenne des événements - celle qu'on ne connaît pas -, la postérité devra se contenter des récits homériques et de *l'Iliade* qui lui donneront la version du vainqueur ?

Pièce dense, profonde, essentielle, *La Guerre de Troie* est une de celles où Giraudoux s'est le plus livré. Il s'est engagé et nous engage dans le parti de la paix. Son pacifisme aurait pu être suspect ou blessant. Rien de tel. Giraudoux est trop ennemi de la rhétorique des banquets pour faire assaut de grandiloquence creuse. Il a trop de tact pour blesser des sentiments respectables. Entre Démokos et Hector il a choisi, moins pour des raisons politiques que pour des raisons morales. S'il milite, c'est en faveur de l'amour, de la vérité, de la vie.

Comme dans ses autres pièces, il oppose donc surtout des attitudes, non des caractères. Ses personnages incarnent une idée ou une conception du monde. Ses thèmes expriment sa philosophie et son engagement.

5 | La technique dramatique

Ce serait pourtant une grave erreur de ne voir dans *La Guerre de Troie* qu'une pièce à thèse. Fertile en rebondissements, mêlant le réel et l'irréel, comme le comique et le tragique, elle témoigne d'une science dramatique achevée.

LE SUSPENS ET LE COUP DE THÉÂTRE

Giraudoux a d'abord compris que, plus que tout autre sujet, celui qu'il avait choisi cette fois réclamait une technique approfondie de la *surprise*. Il fallait tenir les spectateurs en haleine jusqu'à la dernière minute, et il y a merveilleusement réussi. Ce n'est qu'à l'avant-dernière ligne de la pièce que l'on sait que la guerre va éclater. Jusque-là le miracle espéré peut se produire.

Très habilement, l'auteur fait régner dès le début une atmosphère d'inquiétude. Les propos énigmatiques de Cassandre, ses allusions au destin troublent peu à peu Andromaque et nous laissent entendre que « les dieux » entrent dans le jeu. Sous quelle forme ? Que pourront les hommes contre la fatalité ? Les entrevues successives d'Hector avec Pâris, avec Priam, avec Démokos, avec Hélène ne nous rassurent qu'à moitié. On entend des cris sur la plage où viennent de débarquer les Grecs. On s'apprête cependant à fermer les Portes de la Guerre, et tout l'art de Giraudoux consiste à différer la cérémonie. Les portes se ferment enfin. « Nous sommes en paix, père, nous sommes en paix » s'écrie Hector. Aussitôt éclate comme un défi la musique des Grecs dont les équipages ont mis pied à terre. L'explication des deux « belles-sœurs », Andromaque et Hélène, retarde encore l'arrivée gesticulante d'Oiax. Est-ce l'incident irréparable ? Non : Hector gagne encore le combat. Mais il sent que « de chaque victoire l'enjeu s'envole ». Et voilà l'entrevue décisive. Ulysse qui ruse contre le destin, et non contre Hector, accepte de se rembarquer. « Je pars... mais je ne peux me défendre de l'impression qu'il est bien long, le chemin qui va de cette place à mon navire. » Va-t-il arriver sans encombre à son bord ? Nous sommes haletants. Irruption de Démokos, l'écume aux lèvres. Hector le tue. Est-ce la paix ? Oui. Le rideau se baisse. Non. Il se relève. Et c'est le coup de théâtre final de Démokos. Final ? Non : Giraudoux nous réservait encore une surprise : le baiser d'Hélène et de Troïlus derrière les Portes de la Guerre.

LE MÉLANGE DU RÉEL ET DE L'IRRÉEL

Cette pièce où les dieux jouent un rôle important devait aussi nous mettre en communication avec le *surnaturel*. Il fallait surtout qu'il eût l'air de faire partie du décor quotidien, et de paraître aux personnages de la pièce aussi *naturel* qu'aux peuples de l'histoire ancienne. Que Cassandre, Hélène, même le sceptique Ulysse soient en rapport avec l'invisible, et pressentent l'approche du destin, cela peut passer pour un don de double vue. Que la foudre soit tombée sur un temple, que les entrailles des victimes s'opposent au renvoi d'Hélène, cela fait partie de l'arsenal éternel des superstitions ou de la propagande. Mais qu'interviennent - personnifiées - la Paix puis Iris, et que leur apparition semble toute normale dans la pièce, voilà le merveilleux propre à Giraudoux. Il n'y a pas de solution de continuité entre le réalisme et la poésie. La Paix, suscitée par Cassandre, apparaît aux yeux d'Hélène sous les traits d'une pauvre fille en haillons, cependant que la Messagère des Dieux dans le ciel transmet au peuple de Troie les avis ironiquement contradictoires d'Aphrodite, de Pallas et de Zeus. Les plaisanteries de Giraudoux accompagnent ainsi ses leçons les plus graves.

LE MÉLANGE DU TRAGIQUE ET DU COMIQUE

Car Giraudoux a tenu à égayer cette pièce si dramatique. De nombreuses scènes franchement drôles alternent avec des scènes pathétiques, à la fois pour détendre les spectateurs et ménager des contrastes.

Les caractères s'opposent, et de leur affrontement naît le comique. La sévère raideur d'Hector se heurte à l'impertinence de son cadet et à la tranquille obstination d'Hélène. Les vertes répliques d'Hécube et les rires frais des servantes démasquent la solennité et la prétention de Démokos.

Le concours d'épithètes improvisées change le rythme du conseil de guerre organisé par les vieillards. La consultation de l'expert Busiris offre un mélange savoureux de satire et de farce, et procure au public-enfant la joie de voir s'effriter une bonne conscience et dégonfler une baudruche.

Giraudoux ne recule même pas devant le burlesque, telle la scène où les vieillards acclament Hélène de leur bouche édentée, et dévalent les escaliers malgré leurs rhumatismes pour mieux la voir. Le pittoresque cru des gabiers de Pâris et leur verve toute méditerranéenne font oublier pour un temps l'altitude du débat. Quant à la scène des trois gifles - surtout les deux reçues par Démokos - ce serait un vrai numéro de cirque sans la situation dramatique et la menace imminente de la guerre. Tout l'art de l'auteur consiste à intercaler le rire entre les morceaux de bravoure ou les duels qui sont la clef de la pièce, le discours aux morts, l'explication entre Andromaque et Hélène ou entre Hector et Ulysse, ou à utiliser le comique pour souligner l'inconscience, la bêtise ou la lâcheté de ses fantoches.

Le ton et le style $\boxed{6}$

On retrouve la même variété et le même mélange dans le vocabulaire et dans la forme.

LES ANACHRONISMES

Giraudoux se soucie peu de l'unité de ton, et il emploie des matériaux disparates, empruntés à des époques et à des civilisations très différentes. Son propos est intemporel. Une vague couleur grecque lui suffit. On se rassemblera devant le monument appelé les Portes de la Guerre. Mais si la foule y apporte des *offrandes* - ce qui peut passer pour un usage antique - on y respire de *l'encens* comme dans une église, et l'emblème distinctif des vivants est appelé une *cocarde*. On parlera de *raki* et d'*olives*, de *vin à la résine*, mais on boira aussi du *vin clairet*. Les *hoplites* voisineront avec les *cuirassiers* et se grouperont en *compagnies*. On fera mention du *gynécée*, des *trirèmes*, mais les diplomates se souriront de leur *calèche*. L'anachronisme fera donc partie des règles du jeu : Giraudoux veut détruire les barrières du temps et de l'espace. Il veut aussi rapprocher de nous les événements et les mœurs. C'est ainsi que la calèche des chefs d'État - dont on devine l'habit et le haut-de-forme - a l'air fixée sur une photographie de *L'Illustration*.

LES ALLUSIONS

De là que ce style est constamment allusif. Par des références à des phrases toutes faites, à des expressions consacrées, à des vers célèbres ou à des proverbes légèrement déformés, Giraudoux nous adresse un clin d'œil. Il fait de nous ses amis ou ses complices, en quelque sorte, ses compagnons de jeu. « *Un seul être vous manque et tout est... repeuplé,* » dit irrévérencieusement Pâris, faisant allusion au vers de Lamartine dans *L'Isolement*. « *Rendons à Pâris ce qui revient à Pâris* », s'écrie « un homme jovial », jouant sur Paris et Pâris, et parodiant l'Évangile (« il faut rendre à César ce qui appartient à César »). « Qui ne voit Hélène ? » demande Hécube qui ajoute : « *Elle fait le chemin de ronde* », confondant volontairement le chemin sur la saillie de la muraille avec un trottoir moins relevé. « Le sexe à qui je dois ma mère, je le respecterai jusqu'en ses représentantes les moins dignes », clame Démokos - « Nous le savons, *tu l'y as déjà respecté* », réplique Hécube, laissant entendre que Démokos n'était pas hostile aux amours ancillaires.

LES ALLIANCES DE MOTS

L'un des procédés favoris de Giraudoux et de tous les hommes d'esprit, Voltaire en particulier, consiste à unir dans une même expression des mots appartenant à des domaines très différents. Hector parle-t-il des guerriers ennemis ? C'est pour les évoquer « *pleins de famille, d'olives, de paix* ». Ulysse suggère-t-il la jalousie et les convoitises des voisins ? « Il n'est pas très prudent, remarque-t-il, d'avoir des *dieux et des légumes* trop dorés », et il lit l'avenir sur « le tracé des *grues volantes et des races* ». Naturellement le paradoxe n'est jamais loin, et il nous vaut de ces formules savoureuses qui chatouillent le palais et... l'intelligence comme : « C'est à leur façon *d'éternuer et d'éculer leurs talons* que se reconnaissent les peuples condamnés. »

LES TOURNURES FAMILIÈRES

Avec les sous-entendus ironiques, les jeux ou les cliquetis de mots, Giraudoux emploie volontiers le langage familier et argotique. Même Hector n'hésite pas devant l'expression populaire, si elle est vigoureuse. « *Je sors d'en prendre* », dit-il à Démokos pour lui signifier qu'il a assez vu couler le sang. Cassandre et Hécube ont toutes deux la repartie vive et crue. Parlant d'Hélène : « Elle est née de l'écume, *quoi!* » dit la première qui console Pâris : « Il te reste un après-midi avec elle. *Cela fait plus grec.* » « J'attendais la

poésie à ce tournant, dit l'autre. *Elle n'en manque pas une* »,
et elle soutient Hector en affirmant qu'il aurait « *rudement* »
raison. Le marin Olpidès raconte que « la voile était *franc*
grosse ». Hector « *encaisse* », dit Oiax, le plus *mauvais coucheur*
des Grecs selon Busiris.

LES TERMES TECHNIQUES

Ce qu'il faut ajouter, c'est que cette langue est en même
temps d'une grande richesse technique dans les domaines
les plus divers : l'armée, la marine, l'architecture, les petits
métiers, le droit, l'ornithologie sont ici représentés par leurs
vocables les plus précis. L'ébéniste est accompagné de sa
varlope et de son *vernis*. Le style « gendarme » de Busiris
est une amusante parodie du style juridique *(« Mon avis,
princes, après constat de visu et enquête subséquente »* ...).
La soute, la cale, les hublots, la coque, la lisse, la hune
qu'évoquent les gabiers sont à leur place exacte. On pense à
Platon dont les spéculations les plus hautes partent toujours
de l'échoppe du cordonnier ou de la forge du maréchal-
ferrant.

LES IMAGES

Giraudoux est comme Hélène : il veut nous faire voir les
choses, et toutes sortes de liens imprévus et cependant
nécessaires se nouent entre les êtres et les objets. Le départ
d'Hélène semble si normal à Andromaque au début de la
pièce qu'elle le compare à l'expédition d'un paquet :

Andromaque : *Cet envoyé des Grecs a raison. On va bien
lui envelopper sa petite Hélène, et on la lui rendra.*

Voulant expliquer à sa sœur qu'il est rassasié des femmes
asiatiques et de leurs faveurs insistantes, Pâris lui dit : « *Leurs
étreintes sont de la glu, leurs baisers des effractions, leurs paroles
de la déglutition.* »

Quel plus gracieux résumé que la définition de la Grèce
par Hélène : « *C'est beaucoup de rois et de chèvres éparpillés
sur du marbre* »? Demandant à Busiris de *forger* une vérité
qui sauve la paix, Hector a cette formule énergique et imagée :
« *Si le droit n'est pas l'armurier des innocents, à quoi sert-il ?* »

C'est lui qui avait parlé des ennemis « *pleins de famille, d'olives, de paix* » que la guerre oblige à tuer. Et le débat entre Ulysse et lui devient une *pesée*, où chacun évalue ce qu'il représente dans la balance des forces.

Pour que l'assimilation soit totale entre les deux termes d'une comparaison, qu'il ne s'agisse même plus d'une ressemblance, mais d'une identification, Giraudoux supprime délibérément le mot « comme », et la métaphore est filée de bout en bout. Le destin devient un *tigre qui dort*, puis *ouvre un œil, s'étire, se pourlèche, se met en marche et pousse du mufle* les portes du palais. C'est une série d'images musicales qu'Hector applique à la guerre, dont la *gamme* était *accordée* pour lui faire croire à sa noblesse, quand tout *sonnait* encore juste. Pour le Géomètre, Hélène sert de *mesure* au paysage, et les images qu'il emploie sont empruntées à la physique : « *Elle est notre baromètre, notre anémomètre.* » Hélène veut-elle expliquer à Andromaque l'*attraction* qu'elle exerce sur Pâris ? Elle se compare à une étoile qui *gravite* et *scintille* autour d'une constellation. On pourrait multiplier les exemples.

Tout est prétexte à image, tout suscite une vision nouvelle. Tout est *poésie* dans un monde où les feuilles des bouleaux vous font signe, « *et à les voir frissonner, en or par-dessus, en argent par-dessous, vous vous sentez le cœur plein de tendresse* », où les prairies « *sont aussi douces à ceux qui s'étendent l'un sur l'autre qu'à ceux qui s'étendent l'un près de l'autre, soit qu'ils lisent, soit qu'ils soufflent sur la sphère aérée du pissenlit, soit qu'ils pensent au repas du soir ou à la république* », où les animaux « *et ces lièvres dont nous les femmes confondons le poil avec les bruyères* », et tous les oiseaux, de la fauvette à l'aigle, semblent créés pour nous apprendre à vivre et à aimer.

LES RYTHMES

Giraudoux n'est pas seulement un poète. C'est un musicien. Il a très ingénieusement réglé l'alternance des mouvements amples et lents et des échanges rapides et cinglants. Que l'on compare par exemple le rythme des scènes 9 et 10 du deuxième acte à celui du discours aux morts ou de la tirade d'Ulysse.

Dans le premier cas il s'agit de la provocation d'Oiax qui gifle successivement Hector et Démokos, et des hurlements de Démokos giflé à son tour par Hector. Le « tempo » est ici très vif. Les répliques s'enchaînent sur un mot dans une stichomythie [1] qui rappelle certains dialogues des tragédies classiques. Les répétitions voulues sont nombreuses :

Oiax : *Nous ne partirons d'ici qu'avec votre* DÉCLARATION *de guerre.*

Hector : DÉCLAREZ-*la vous-mêmes.*

Oiax : *Parfaitement, nous la* DÉCLARERONS, *et dès ce soir.*

Hector : *Vous mentez. Vous ne la* DÉCLAREREZ *pas.* (...)

Oiax : *Tu ne la* DÉCLARERAS *pas, toi, personnellement, si je te* DÉCLARE *que tu es un lâche?*

Hector : *C'est un genre de* DÉCLARATION *que j'accepte.*

....

Oiax : *Si je* CRACHE *sur elle* (Troie)?

Hector : CRACHEZ.

Oiax : *Si je te* FRAPPE, *toi son prince?*

Hector : ESSAYEZ.

Oiax : *Si je* FRAPPE *en plein visage le symbole de sa vanité et de son faux honneur?*

Hector : FRAPPEZ.

Oiax : *Voilà... Si Madame est ta femme, Madame peut être* FIÈRE.

Hector : *Je la connais... Elle est* FIÈRE.

....

Démokos : *Que* VEUT *cet ivrogne, Hector?*

Hector : *Il ne* VEUT *rien. Il a ce qu'il* VEUT.

Démokos : *Que se passe-t-il, Andromaque?*

Andromaque : RIEN.

Oiax : *Deux fois* RIEN. *Un Grec gifle Hector, et Hector encaisse.*

Démokos : *C'est vrai, Hector?*

Hector : *Complètement faux, n'est-ce pas, Hélène?*

C'est à la fois le style le plus économique (le minimum de mots) et le plus efficace.

Dans le discours aux morts, le rythme est au contraire très lent, comme le méandre d'un fleuve, surtout dans la

---

1. Dialogue tragique où les interlocuteurs se répondent vers par vers.

dernière partie. C'est une période oratoire composée de trois phrases remarquablement agencées : d'abord une déclaration de principe, entrecoupée de pauses destinées à cerner nettement les contours de la pensée :

Tout morts que vous êtes, / il y a chez vous la même proportion de braves et de peureux que chez nous qui avons survécu, / et vous ne me ferez pas confondre, / à la faveur d'une cérémonie, / les morts que j'admire / avec les morts que je n'admire pas.

Puis, annoncée par un avertissement solennel, la formule dure, brutale, avec des adjectifs sans appel :

Mais ce que j'ai à vous dire aujourd'hui, / c'est que la guerre me semble la recette la plus sordide et la plus hypocrite pour égaliser les humains / et que je n'admets pas plus la mort comme châtiment ou comme expiation au lâche que comme récompense aux vivants.

Enfin, reliée par un adverbe de conséquence qui lui donne la valeur d'un raisonnement logique, vient la dernière phrase dont la conclusion est sans cesse différée par des incidentes, sortes de « retards » qui suspendent la voix et mettent en évidence les deux mots clefs que l'on ne doit cependant pas timbrer, mais dire à regret et comme en tremblant :

Aussi, / qui que vous soyez, / vous absents, vous inexistants, vous oubliés, / vous sans occupation, sans repos, sans être, / je comprends en effet qu'il faille en fermant ces portes excuser près de vous ces déserteurs que sont les survivants, / et ressentir comme un privilège et un vol ces deux biens qui s'appellent, / de deux noms dont j'espère que la résonance ne vous atteint jamais, / la chaleur et le ciel.

Il n'est peut-être pas de meilleur exercice de diction (c'est-à-dire avant tout de *respiration*) que d'apprendre par cœur cette tirade, et de laisser lentement l'émotion pénétrer en soi par l'intermédiaire des sons et des rythmes.

Un autre exemple de la musicalité si expressive et du balancement de la phrase de Giraudoux est le récit que fait Ulysse de la rencontre des deux négociateurs. Le déroulement lent de la période correspond à la tristesse d'Ulysse devant l'inéluctable. Le début pourtant est éclairé du sourire un peu pâle de l'illusion :

A la veille de toute guerre, il est courant que deux chefs des peuples en conflit se rencontrent seuls dans quelque innocent village, sur la terrasse au bord d'un lac, dans l'angle d'un jardin. ET *ils conviennent que la guerre est le pire fléau du monde (...).* ET *ils s'étudient. Ils se regardent (...).* ET *ils sont vraiment combles de paix, de désirs de paix.* ET *ils se quittent en se serrant les mains, en se sentant des frères.* ET *ils se retournent de leur calèche pour se sourire...* (pp. 169-170).

Mais l'accumulation des détails et la répétition des *Et* au début de chaque proposition vont cruellement souligner le contraste, la contradiction entre les vœux des hommes, leurs propos mêmes, et le résultat final :

Et le lendemain pourtant éclate la guerre.

C'est par son rythme surtout que ce style est un merveilleux style de théâtre, fait pour être dit sur une scène, et non pour être lu dans le silence. Il éveille des résonances, il propage des ondes. Comme on l'a vu, Giraudoux y réhabilite le *couplet* et le *monologue :* on pense à certains « airs » d'opéra ou d'opéra-comique, l'air d'Hector, l'air d'Ulysse, celui de Pâris sur l'allégresse des ruptures, celui d'Hélène sur ses amis les bouvreuils et les chardonnerets, celui du gabier sur les bouleaux frémissants, ou du Géomètre sur le sens nouveau donné au paysage par la femme de Ménélas. Le chatoiement des images et des sons procure à l'auditeur un langoureux vertige. Il est littéralement prisonnier d'un charme, et peu importe qu'il ne distingue pas clairement toutes les couleurs de l'arc-en-ciel.

7 Interprétation et mise en scène

Une condition bien entendu. Les interprètes de Giraudoux doivent être des amoureux du beau langage, des poètes et des musiciens eux aussi. Les acteurs de 1935 l'étaient. Quelle merveilleuse troupe ! Il fallait entendre Jouvet, Pierre Renoir, Madeleine Ozeray. Il fallait les voir incarner si subtilement les créatures de Giraudoux que leur voix, leur corps, leurs traits de caractère, et leurs accessoires mêmes se coloraient de nuances inattendues et changeaient de sens et de signe. La sobriété et le calme de Jouvet traduisaient son émotion ou sa colère. Le pétillement de l'œil de Renoir ne signifiait pas la ruse d'Ulysse, mais sa tendresse. La gracile fragilité de Madeleine Ozeray exprimait sa force, sa résistance à la fatigue et au malheur ; ses oui disaient non. Il n'était pas jusqu'à la lance de Jouvet qui ne symbolisât le pacifisme d'Hector.

C'est que Giraudoux les connaissait bien. C'est même pour eux qu'il avait écrit ses pièces, comme Racine pour la Champmeslé, Molière pour Armande, ou Marivaux pour Silvia Benozzi. « Rien ne vous aide, disait-il lui-même, comme de savoir la couleur des cheveux et la taille de celui dont vous écrivez le drame. » Et, parlant de Jouvet, il ajoutait : « Mon intimité avec lui est si grande, notre attelage dramatique si bien noué, que l'apparence larvaire en une minute a déjà pris sa bouche, son œil narquois, et sa prononciation... En attendant que dans la nouvelle nomenclature théâtrale on appelle des Jouvet ceux auxquels il léguera son emploi, je me vois souvent contraint dans mon esprit d'appeler Jouvet ce personnage railleur, inspiré, dont la générosité s'exprime par la malice ou la hargne, la largeur de vues par des tics, la conviction par le doute, la passion universelle par des réticences, et l'éloquence par le bégaiement, en somme qui est Jouvet. »

La pièce a été reprise avec succès au T.N.P. en 1963. Sans nous faire oublier Jouvet et Madeleine Ozeray, Pierre Vaneck et Christiane Minazzoli étaient les parfaits interprètes d'Hector et d'Hélène. Ce qui nous a frappé, c'était une ou deux erreurs de mise en scène. Nous les signalons car il serait regrettable qu'elles se répètent. On peut comprendre que l'on n'ait pas respecté l'indication de Giraudoux à la fin de sa pièce (le rideau commence à tomber au moment où Hector vient de tuer Démokos), parce qu'il n'y a pas en principe de rideau au T.N.P. et que de toute façon l'on peut craindre que le public ne croie la représentation terminée et ne se mette à applaudir, - ce qui serait compromettre le coup de théâtre qui suit. En revanche, le metteur en scène a commis une sorte de contresens en escamotant le tableau final. Giraudoux a écrit : « *Les Portes de la Guerre s'ouvrent lentement. Elles découvrent Hélène qui embrasse Troïlus.* » Supprimer cet effet saisissant c'est ôter à *La Guerre de Troie* une de ses dimensions, celle de l'absurde, et frustrer l'auteur d'une trouvaille.

Cependant cette reprise a eu l'immense avantage de prouver à une jeunesse quelquefois prévenue contre l'auteur que Giraudoux n'était pas l'esthète décadent ou le virtuose précieux dont parlaient certains. Cette ironie et cette gravité mêlées, cette noblesse émaillée de familiarité ne prenaient pas au dépourvu les habitués du T.N.P. qui montrèrent par leurs applaudissements que ce langage était le leur.

Nous terminerons par un vœu. Il nous semble indispensable de manifester d'une façon plus dramatique qu'on ne l'a fait jusqu'à nos jours la présence et l'action de la *foule* dans cette pièce. Amplifiés par des haut-parleurs, ses cris au moment où les Grecs débarquent, ses quolibets à l'adresse de leur marine, ses lazzi quand Hector prétend que Pâris n'a pas touché Hélène, ses sifflets au nom de l'honneur national, ses hurlements sauvages quand elle lynche Oiax, permettraient aux spectateurs - à nos contemporains - de mieux comprendre une des intentions profondes de Giraudoux.

En janvier 1971, *La Guerre de Troie* a été reprise au Théâtre de la Ville sous la direction de Jean Mercure. Nous avons été comblés. C'était un enchantement.

L'atmosphère d'abord, d'un blanc éclatant et baigné de lumière ; le jeu des acteurs, qui égalent sans doute ceux de la création ; le rythme du drame, l'alternance des scènes lentes et des scènes rapides, des passages comiques et des moments pathétiques, tout a été minutieusement réglé et dosé. On sent que l'œuvre a été étudiée en profondeur, car pas une des intentions de Giraudoux n'est laissée dans l'ombre. On peut en juger par ces lignes que Jean Mercure consacre à la pièce dans le programme : « Poème de désespoir écrit par un homme qui aime la vie et les hommes, et qui crie son amour. Œuvre d'ironiste aussi et l'humour est ce qui vieillit le moins. Pâris a enlevé Hélène ? La belle affaire ! Pendant un moment on croit que le sort du monde est à la merci de deux adolescents irresponsables, mais il s'agit bien de cela ! Aujourd'hui comme hier l'incitation à la haine, les folies fratricides se propagent. Qu'importent la fragilité, le dérisoire et l'hypocrisie des mobiles ! »

Un film important consacré au Viêt-Nam, « Hoa Binh », commence par une image abstraite et la voix d'un enfant (off) qui interroge : « La paix, papa, qu'est-ce que c'est ? » Et une voix d'homme, son père - vingt ans -, lui répond : « Je ne sais pas. »

Conclusion

Plus que les dieux, plus que les individus, c'est la foule anonyme qui est en fin de compte la cible de Giraudoux. Et c'est là que ses idées se révèlent prophétiques, car, plus que jamais aujourd'hui, si les voies de la paix semblent si difficiles dans le monde, la faute en revient aux *masses* autant qu'aux dirigeants. Ce sont elles qui parfois forcent la main des chefs, crient à la trahison ou hurlent à la mort en exigeant le châtiment ou l'extermination de l'adversaire. Avec la force terrible de l'opinion, et le développement des moyens qu'elle a de s'exprimer, plus rien désormais n'arrête la violence incontrôlée et irresponsable des foules, et il arrive que les gouvernements soient obligés de tenir compte de leur susceptibilité et de leur hargne qu'alimente la presse des Démokos.

C'est pourquoi Giraudoux parle aux hommes de bonne volonté, car sa pièce est actuelle et éternelle.

Elle est d'abord une mise en garde. Oui, on a parfois l'impression, dans les guerres, que des poisons ont été préparés depuis toujours et que le diable s'en mêle, qu'il n'y a rien à faire et que le destin se rit de nous. Dangereuse et coupable illusion. La fatalité a bon dos. Ce sont les hommes encore et toujours qui sont les responsables. A eux de veiller à éviter les « incidents », à prévoir les « hasards ». A eux de mesurer leurs actes, de peser leurs mots, de ne pas céder à la passion et à la pression du nombre. Ce serait trop facile de s'incliner et de ne rien faire devant « l'inéluctable ». Il faut avoir le courage de Giraudoux, celui de braver les préjugés, de railler les conformismes, quitte à subir les affronts de l'incompréhension et de la bêtise.

Car *La Guerre de Troie n'aura pas lieu* est en même temps un appel et une adjuration. Puisse la raison humaine triompher de l'aveugle destin ! A cet égard le titre de la pièce nous paraît mériter mieux qu'une interprétation douloureusement ironique : il a la valeur d'un espoir.

Annexes

▶ Bibliographie sommaire

REVUE « CONFLUENCES » (numéro de septembre-octobre 1944) : *Hommage à Giraudoux* (écrits peu après la mort de Giraudoux, ces articles, dont beaucoup concernent l'homme, portent la marque de la ferveur).

JACQUES HOULET : *Le théâtre de Jean Giraudoux*, Pierre Ardent, 1945. (Analyse détaillée de chaque pièce, sauf les œuvres posthumes.)

CLAUDE-EDMONDE MAGNY : *Précieux Giraudoux*, Seuil, 1945. (Un peu tendancieux.)

LOUIS JOUVET : *Dans les yeux de Giraudoux*, Pages françaises n° 2, 1945. (Quels échanges !)

JEAN-PAUL SARTRE : *Situations I*, Gallimard, 1947. (La vision du monde de Giraudoux.)

BERNARD ZIMMER : *Rencontre Jouvet-Giraudoux*, Revue d'Hist. du Théâtre, 1952, n° 1 et 2. (Le seul témoignage sur cette rencontre.)

MARIANE MERCIER-CAMPICHE : *Le théâtre de Giraudoux et la condition humaine*, Domat, 1954. (Point de vue philosophique.)

R.-M. ALBÉRÈS : *Esthétique et morale chez Giraudoux*, Nizet, 1957. (La conception du bonheur.)

P.-H. SIMON : *Théâtre et Destin*, Colin, 1959. (L'accent est mis plus sur les tragédies que sur les « intermèdes ».)

MARIE-JEANNE DURRY : *L'univers de Jean Giraudoux*, Mercure de France, 1960. (La poésie du livre convient avec bonheur à celle de l'auteur.)

RENÉ LALOU : *Le théâtre en France depuis 1900*, P.U.F., 1961. (Sommaire, mais utile.)

C. MARKER : *Giraudoux par lui-même*, Seuil, 1952. (Bonne initiation.)

V.-H. DEBIDOUR : *Jean Giraudoux*, Éditions universitaires, 1955. (Mise au point pratique.)

R.-M. ALBÉRÈS : *La genèse du « Siegfried » de Giraudoux*, Lettres modernes, 1963. (Comparaison très révélatrice entre le roman et la pièce.)

JEAN GIRAUDOUX : *La Guerre de Troie n'aura pas lieu*, texte présenté par Étienne Frois, Livre de Poche université, 1964. (Avec des explications de textes.)

MADELEINE OZERAY : *A toujours, Monsieur Jouvet*, Buchet-Chastel, 1966. (Fusion de la vie et du théâtre.)

CHARLES MAURON : *Le théâtre de Giraudoux, étude psychocritique*, J. Corti, 1971.

▶ Thèmes de réflexion proposés

• Commentez cette phrase d'Andromaque : « Où est la pire lâcheté ? Paraître lâche vis-à-vis des autres, et assurer la paix ? Ou être lâche vis-à-vis de soi-même et provoquer la guerre ? » (I, 6).
(Après avoir opposé les attitudes d'Hector et de Démokos dans la pièce, on élèvera le débat, et on s'interrogera sur le vrai courage en cherchant d'autres exemples.)

• Rôle du destin dans *La Guerre de Troie.*
(Après avoir défini ce que Giraudoux entend par *destin,* on cherchera quels sont ses instruments, ses buts et ses manifestations ; on se demandera enfin si la fatalité - ici celle de la guerre - est vraiment inéluctable.)

• Classer les arguments pour et contre la guerre dans la pièce.
(Ne pas oublier qu'on trouve également dans les propos d'Hector des arguments en faveur de la guerre. Classer les raisons par ordre croissant d'importance, et expliquer la position de Giraudoux.)

• Comparer les idées exprimées par Giraudoux dans son roman *Bella* (à propos de l'inauguration du monument aux morts) avec les propos tenus par Hector dans son discours.
(Bien préciser les circonstances et les buts des orateurs. La satire est-elle identique dans les deux cas ? Quelle est la plus forte ?)

• Commentez cette pensée de Pascal : « La justice sans la force est impuissante. La force sans la justice est tyrannique. »
(On s'inspirera évidemment de la scène (II, 5) où Hector prie, puis somme Busiris de trouver « une vérité » qui sauvegarde la paix. On aura intérêt à chercher aussi d'autres exemples pour commenter la phrase de Pascal.)

• Étudier le comique dans *La Guerre de Troie* d'après les procédés analysés par Bergson dans *Le Rire.*
(On classera ces procédés, et on donnera des exemples pris dans la pièce. On se demandera en terminant quel est le véritable rôle du comique dans cette tragédie.)

● L'absurde et la dérision dans *La Guerre de Troie*.
(Après avoir précisé ces mots, et montré l'application qu'ils trouvent dans la pièce, on insistera sur leur résonance actuelle : Camus, Beckett, Ionesco...)

● L'amour dans *La Guerre de Troie*.
(Comparer le couple Pâris-Hélène à celui d'Hector et d'Andromaque.)

● Comparer Alcmène dans *Amphitryon 38* et Andromaque dans *La Guerre de Troie*.
(Deux formes d'amour conjugal.)

● Étudier le rôle de la foule dans la pièce.
(Commencer par relever tous les moments où elle intervient ; étudier ensuite son action en fonction de la « psychologie des foules » ; préciser enfin les intentions de Giraudoux à son égard. Ne pas oublier le rôle des « masses » dans le monde actuel.)

● Qu'appelle-t-on la préciosité ? Ce terme vous paraît-il s'appliquer à la pièce de Giraudoux ?
(On commencera par définir le terme de préciosité avec des exemples empruntés aux habitués du salon de Mme de Rambouillet, aux *Précieuses Ridicules*, à Marivaux, etc. Étudiant ensuite la pièce de Giraudoux, on prendra soin de distinguer le but de l'auteur et les moyens qu'il emploie, et on se demandera si le langage de Giraudoux n'exprime pas une conception de l'univers.
On utilisera avec profit deux livres dont les conclusions s'opposent : *Précieux Giraudoux* de Claude-Edmonde Magny et *L'univers de Jean Giraudoux* de Marie-Jeanne Durry.)

● Les allusions dans *La Guerre de Troie*.
(Il s'agit surtout des allusions à la politique internationale - surtout les rapports franco-allemands entre les deux guerres - mais aussi des allusions littéraires : références à des expressions consacrées, à des proverbes, à des vers célèbres.)

● Faites le portrait d'Ulysse dans la pièce.
(Il sera bon de l'opposer à l'Ulysse d'Homère.)

● La présence de la petite Polyxène s'impose-t-elle ?

● Quel personnage préférez-vous dans la pièce ?
(Le plus simple est de procéder par élimination.)

● Si vous avez vu jouer *La Guerre de Troie*, donnez vos impressions sur la mise en scène et le jeu des acteurs.

▶ Un chapitre de *Bella*

Voici le passage de son roman *Bella* où Giraudoux raconte qu'il a assisté à l'inauguration du monument aux élèves de son lycée morts à la guerre :

« C'était Rebendart qui inaugurait le monument. Rebendart, avocat, ancien ministre des Travaux publics, hier Président de la Chambre, depuis un mois Ministre de la Justice, poursuivait de sa haine mon père, qui avait été avec lui plénipotentiaire au Traité de Versailles. Mais, sans parler même de cette querelle, je souffrais, dès que j'avais à penser à Rebendart. Je l'entendais si souvent dans ses discours répéter qu'il personnifiait la France, je lisais dans tant de journaux que Rebendart était le symbole des Français, que des doutes m'avaient pris sur mon pays. Mon pays était donc cette nation où il n'était d'échos que pour la voix des avocats ! Les avocats de mon pays étaient donc ces hommes au visage toujours tourné vers le passé, au veston plus couvert de pellicules que Loth après qu'il eut étreint sa femme changée en sel gemme, son passé aussi à lui, et qui déplaçaient la nuit, du côté du Rhin et même dans les âmes des Français, les bornes mitoyennes. Le champ de l'hypocrisie, de la mauvaise humeur croissait grâce à Rebendart, dans tous les corps constitués français, dans les Conseils généraux, dans les maisons de passe, dans les cœurs d'enfants à l'école. Tous les dimanches, au-dessous d'un de ces soldats en fonte plus malléable que lui-même, inaugurant son monument hebdomadaire aux morts, feignant de croire que les tués s'étaient simplement retirés à l'écart pour délibérer sur les sommes dues par l'Allemagne, il exerçait son chantage sur ce jury silencieux dont il invoquait le silence. Les morts de mon pays étaient donc rassemblés par communes, pour une conscription d'huissiers, et se chicanaient aux Enfers avec les tués allemands. Il était effroyable de penser comment Rebendart qui, pendant son passage aux Travaux publics, avait tenu à descendre dans les mines d'Anzin en plein travail, dans les mines de Lens en réparations, dans les mines de Courrières inondées, se représentait les Enfers, et le repos éternel, et l'arrivée au gué des fantômes, et le repêchage par Charon de l'ombre bousculée jetée par-dessus bord. Alors, au nom de ces morts réunis à cette minute même en longs brouillards, ou en massifs ombreux, ou en ruisseaux incolores, il faisait l'éloge de la clarté, de notre système numéraire, du latin, dans une langue faussement précise, adipeuse, acariâtre, qui laissait regretter le langage radical-socialiste dont les termes les plus simples sont le mot *sublime* et le mot *éperdu*. Quand le soleil rayonnait, tout ce que le printemps ou l'été pouvaient obtenir de lui, c'était qu'il lâchât dans sa harangue des féminins pluriels. Les Réalités, les Probabilités directrices, les Directives s'y rencontraient alors avec mille caresses, et ce saphisme des abstractions les plus bureaucratiques le comblait de volupté. Adossé aux marbres de Bartholomé, marbres plus froids que jamais ne l'a été cadavre, porté à sa plus haute température par leur contact, la mort de tous ces Français était pour Rebendart ce qu'était une mort dans une famille, ce qu'avait été pour lui, en dépit de toute sa souffrance, la mort de son père et la mort de son fils : une querelle d'héritage. La guerre ? On n'a pas tous les jours, pour justifier à ses propres yeux le plus détestable des caractères politiques, une pareille excuse ! Mais je n'oubliais pas que même dans la paix, même dans ses discours de jeunesse, le ton était déjà aigre, et quand il inaugurait alors des expositions, des monuments à nos grands hommes, on percevait déjà dans sa harangue un soupçon de réclamation vis-à-vis de l'Europe, comme si l'Europe nous devait des réparations parce que nous avions produit Pasteur, le pont Alexandre, ou Jeanne d'Arc.

Dans la cour du Lycée, la cérémonie commençait. Le censeur, dans le même costume de deuil dont il était revêtu jadis pour les accueillir au lycée et pour les fêtes, dévoilait la plaque où les noms des élèves morts pour la patrie étaient gravés en noir, la gravure d'or restant réservée sur les plaques voisines aux lauréats de dissertation. A part Charles Péguy, Émile Clermont, Pergaud, et quelques aînés, j'avais connu tous ces camarades qui, aujourd'hui, rangés par lettre alphabétique, allaient à la fois à l'oubli et à la gloire dans l'ordre de l'entrée aux concours généraux. Le censeur lisait lentement ces noms qu'il n'avait lus jusqu'ici qu'en les accompagnant d'une note de travail ou de conduite. Il s'appliquait à ne pas prononcer, comme dans sa lecture des places de composition, les derniers noms avec un mépris croissant. Il se disait que c'était la seule composition de sa vie où il n'y eût que des premiers. C'était cent un morts ex aequo. Il s'étonnait surtout de sentir que ce qui déterminait au nom de certains élèves son émotion, ce n'était pas la mémoire qu'il avait du nombre de leurs prix ou de leurs retenues, mais bien des souvenirs qu'il ne croyait pas contenir, celui de la couleur de leurs yeux, de leurs chevelures, le dessin de leurs lèvres. Tous ces morts lui laissaient soudain, à lui si dédaigneux et si empêtré de ce qui n'était pas les classes et l'étude, leurs apanages humains, celui-là son nez à la Roxelane, celui-là ses oreilles pointues, celui-là cette cravate inusable, bien connue du lycée entier, qu'il avait portée de la quatrième à la philosophie. Toute une chair palpitante et fraîche, des cheveux blonds et bruns naissaient pour lui, pour la première fois, sur ces élèves, ces fantômes. Mais il sut se reprendre. Par bonheur, il avait descendu de sa chambre les prix qu'on n'avait pas eu le temps de distribuer en juillet 1914, il les remit aux familles privilégiées et la hiérarchie des morts se rétablit peu à peu en lui dans le seul ordre admissible, car l'un des tués avait huit prix. Il s'aperçut que la plupart des livres étaient signés d'auteurs vivants. Il en eut honte. Mais déjà on dévoilait la plaque, et je vis là-haut, de la lettre D à la lettre E, ceux qui m'encadraient dans les examens, qui ne m'avaient pas protégé du brave Lintilhac et du terrible Gazier, mais qui m'avaient protégé de la mort. C'est alors que la foule des mères et des pères s'inclina plus encore, comme devant un cadavre suprême, et que parut Rebendart. Il n'y avait ni estrade, ni marche. Il se mit à parler du plancher même. Il semblait vraiment cette fois jailli du caveau. Il parla, dit-il, au nom de ces jeunes hommes... Et il mentit. Car, de ces morts-là, je savais ce que chacun pensait, ce que chacun aurait dit à sa place. J'avais entendu les dernières phrases de plusieurs d'entre eux, tués près de moi. J'avais partagé le dernier menu de quelques autres, le pain, le vin rouge, le saucisson qui avaient été leur cène. Je connaissais leurs dernières lettres, dont chacune d'ailleurs, tant elle éclatait de désir, aurait pu être la première d'une existence étincelante et longue. Je savais ceux qui avaient tué des ennemis, qui s'étaient fait précéder dans la mort par l'ombre d'un uhlan ou d'un chasseur de la garde, ceux qui étaient morts vierges, ceux pour qui la guerre avait été le combat contre un adversaire théorique, qu'ils n'avaient jamais vu, jamais saisi, et qui étaient morts les mains pures un de ces jours où les théories deviennent pesantes et mortelles, où les veines, les crânes, nous semblaient éclater moins sous des obus que sous la pression du sort.

Je savais que tous s'étaient précipités dans la guerre, non par un élan de haine, mais avec la joie de se réconcilier avec le devoir, avec la lutte, avec cet idiot de censeur, avec eux-mêmes. Ils s'y étaient jetés, en ce début d'août, comme dans des vacances, non seulement à l'année scolaire, mais vacances aussi au siècle, à la vie. S'ils avaient eu la permission aujourd'hui d'exprimer un regret, cela eût été peut-être de n'avoir pas été délivrés, le mois, la semaine, le jour du moins qui précéda leur mort, du mal aux dents, de l'entérite, et aussi du général Antoine, qui interdisait les cache-nez. S'ils avaient daigné faire une réclamation posthume, c'eût été de n'avoir pas eu pendant la guerre des corps imperméables à la pluie, flottant sur les boues, marchant sur les eaux, frais sous la canicule, fournissant une ombre plus grande qu'eux-mêmes, l'été, dans les plaines sans arbres, et d'avoir eu le général Dollot, qui les forçait à boutonner les cols des capotes en août. Le créateur et deux généraux, voilà ceux dont ils eussent parlé aujourd'hui à leurs familles, en souriant, en les excusant, et non point ainsi que Rebendart le faisait en leur nom, des ennemis héréditaires... La mort seule est héréditaire, et encore il suffisait, comme eux, pour la narguer, de mourir sans postérité. Pas un seul orphelin devant ce monument aux morts. Que de futures morts n'épargne pas la mort d'un collégien ! Voilà ce que disaient tous ces tués que je connaissais. Ils me disaient aussi, car beaucoup étaient fils de fonctionnaires, qu'ils auraient aimé revoir Rodez, Le Puy, que le Maroc est si beau, son air si pur, et celui qui n'avait jamais eu le temps ou l'occasion de lire *La Chartreuse de Parme* me demandait de me recueillir et de la lui résumer, autant que possible, en un mot... Pas de phrases avec les morts. Un mot, un mot crié de toute ma force, de tout mon être, dans un paysage sonore, voilà tout ce qu'ils réclamaient, tout ce qu'ils pouvaient entendre ! De sorte que Rebendart me semblait prêcher la haine, la hargne et l'amertume au nom des trois élèves que je n'avais point connus, au nom de Pergaud, qui aimait chez les bêtes jusqu'aux blaireaux et aux martres sanguicruelles, de Clermont, qui aimait jusqu'aux âmes intraitables et aux cœurs homicides, de Péguy, qui aimait tout, exactement tout ; et son discours était un blasphème. Quand, sollicité par le proviseur, il passa serrer les mains des élèves décorés au front, et qu'il me tendit sa main droite, cette main, disait-on, qui allait signer l'ordre d'arrêt de mon père, je mis mes deux mains derrière mon dos. Il me prit pour un mutilé et me salua. »

(Grasset, 1926) avec l'aimable autorisation
de M. Jean-Pierre Giraudoux.

▶ Quelques jugements critiques

• de Pierre Veber dans *Le Petit Journal* du 22 novembre 1935 :

« La Guerre de Troie n'aura pas lieu *n'est pas à proprement parler une pièce de théâtre. C'est plutôt une «moralité légendaire», une construction philosophique où l'on fait le procès de la guerre. Aucun sujet ne pouvait être d'une actualité plus brûlante; à vous de décider si c'était bien le moment de le traiter.* »

• de Paul Reboux dans *Le Petit Parisien* du 22 novembre 1935 :

« *Quand un chirurgien doit procéder à une opération longue, délicate, mais nécessaire, il commence par anesthésier le patient. Ainsi fit Jean Giraudoux.*
Il voulait nous représenter les laideurs, l'absurdité, l'inhumanité, l'ignominie, l'horreur de la guerre. Il avait à nous reprocher de la tolérer. Il avait à nous montrer que certaines acceptations se décorent de noms glorieux, alors qu'elles n'attestent que la lâcheté, la jactance, la contagion d'un délire collectif, la cupidité. Il tenait à montrer que la résistance d'un honnête homme, en pareille matière, est qualifiée sévèrement par le jugement du monde. Ce ne sont pas là des idées qui peuvent être exprimées librement en bonne compagnie. (...)
Aussi a-t-il eu soin d'abord de recourir à l'évocation des temps héroïques. (...) Et il a donné à ses théories le travestissement du plus subtil langage et des trouvailles les plus poétiques et les plus brillantes.
Grâce à quoi tout le public, chloroformé, a subi avec extase ces théories qu'une rudesse d'expression eût rendues moins aisément acceptables. »

• de Pierre Brisson dans *Le Figaro* du 22 novembre 1935 :

« *Ne nous y trompons pas : en dépit de grâces d'esprit qui lui demeurent trop faciles, Monsieur Giraudoux nous offre à l'heure actuelle l'expression la plus vigoureuse de la poésie dramatique. Parmi beaucoup d'autres noblesses, la pièce qu'il vient de nous offrir a celle du courage.* »

- de M. Robert Kemp dans *La Liberté* du 22 novembre 1935 :

« *Monsieur Giraudoux a usé de tous ses prestiges, de sa gibecière d'escamoteur, de sa baguette de magicien, pour résoudre -* « *passez muscade* » *- des problèmes graves en style rapide; des problèmes poignants entre des sourires; des problèmes mortels, dans d'adorables virevoltes et pirouettes! C'est merveilleux! Et c'est, par accès, un peu gênant... Il avait l'air parfois de faire ses tours avec des cadavres, avec des ruines... On haletait! On sentait la gorge se serrer. Comme si l'on assistait à des manières de sacrilèges élégants et d'impiétés dansantes.* »

- de Gérard Bauer dans *L'Écho de Paris* du 22 novembre 1935 :

« *... Si j'écris ici qu'il y a des parties de chef-d'œuvre dans* La Guerre de Troie n'aura pas lieu, *c'est que je le pense et que je ne le fais pas sans avoir pesé ce que j'affirme. (...) Il y a notamment dans le second acte des passages d'une grandeur étonnante, et l'extrémité de son ouvrage, celle qui en précipite le dénouement et que la dramaturgie appelait la catastrophe, offre un des moments les plus élevés du théâtre contemporain. Monsieur Jean Giraudoux y a rejoint de plain-pied la tragédie, et nous en a communiqué l'émotion sacrée.* »

- de Colette dans *Le Journal* du 24 novembre 1935 :

« *Rien ne semblait destiner Giraudoux au théâtre, aux stables et ponctuelles réussites qu'il y rencontre. La subtilité extrême de son esprit, une phrase, une pensée éprises du méandre, de l'incidente placée avec un goût décoratif; une ironie toujours présente qui ne se détourne pas de l'image charnelle, puise dans la crudité même ce qui lui plaît et la sert; le besoin de l'analyse, poussé parfois jusqu'à un vertige des idées que je lui ai envié comme on envie une délicate débauche; tout en lui semblait appelé à trahir l'action théâtrale, à récompenser d'autre sorte l'auteur de Bella. Or il arrive que le théâtre comble Jean Giraudoux. Mieux que le combler, il l'extrait de lui-même, l'enlève à ses divertissements d'idéologie, l'affermit, redresse sa ligne, guide son trait selon une trajectoire plus sûre, et plus cruelle.* »

- de Gérard Batbedat dans *Toute L'Édition* du 30 novembre 1935 :

« *Un magicien prodigieux est arrivé à nous faire faire - et admettre - cette effrayante constatation : c'est parce qu'un général troyen a supprimé un concitoyen dont la stupidité devenait dangereuse pour la paix que la guerre de Troie aura lieu!* »

- de Henry Jamet dans *La Liberté de Bordeaux* du 13 décembre 1935 :

« La Guerre de Troie n'aura pas lieu *m'a déçu. C'est du Giraudoux plus 'giraldesque'* (sic) *que nature : le jeu des idées, la discussion politique et philosophique, avec miroitement de toutes les facettes du raisonnement, envahit décidément tout, au point qu'il n'y a pour ainsi dire plus de pièce de théâtre.*
La pièce de Monsieur Giraudoux devrait s'appeler : 'Discours sur la guerre'. Hector ou le 'soldat pacifiste' y vient devant Cassandre, Priam, Hélène et Ulysse, soutenir des idées, d'ailleurs fort nobles, de Monsieur Giraudoux, mais, à aucun moment, ni Hector, ni Ulysse, ni Hélène, ni Priam... ni tous les autres personnages ne sont des êtres de chair et d'os, vivant et souffrant devant nous. Ce sont tout juste des 'supports d'abstractions'. »

- de Pierre-Henri Simon dans *Théâtre et Destin* (A. Colin, 1959) :

« *Elle (la guerre de Troie) aura lieu pour des causes humaines, parce qu'il y a des brutes agressives comme Oïax, des foules nationalistes qui croient toujours insulté l'honneur de la patrie (et sur ce point les civils sont souvent plus susceptibles que les militaires), et, enfin, de faux intellectuels, des clercs qui trahissent en exaltant au nom de la raison le fanatisme et les passions grégaires, au lieu d'incliner les hommes à l'indulgence et à l'amitié. Mais il y a aussi les causes fatales; car certains êtres semblent porter le signe du destin. Hélène en est un; elle n'est pas méchante, elle ne veut pas faire le mal; mais, par le don qu'elle a de polariser sur elle la passion des hommes, c'est une allumeuse d'incendies.* »

- de Jean-Louis Vaudoyer dans *Les Nouvelles Littéraires* du 23 novembre 1935 :

« *En écoutant cette prose pleine, harmonieuse, à la fois noble et familière, qui laisse à l'ouïe une impression analogue à la sensation qu'une fleur laisse à l'odorat, qu'un fruit laisse au goût, en accueillant ces grandes ondes de poésie nous songeons au sentiment d'envie, que dans l'avenir ceux qui liront du Giraudoux éprouveront pour ceux qui eurent le privilège d'être les premiers à en lire. Sentiment d'envie analogue à celui qui est le nôtre lorsqu'il nous arrive de nous mettre imaginairement à la place de ceux qui entendirent pour la première fois Juliette parler d'amour à Roméo, Phèdre exhaler ses plaintes pathétiques, ou Fantasio rêver tout haut sous les tilleuls, dans la Munich de Musset... Il se peut que d'autres écrivains de ce temps soient, pour la postérité, plus grands et plus importants que l'auteur de* Nuit à Châteauroux, *mais Jean Giraudoux est sans doute l'un des seuls à avoir créé, de nos jours, hors de la réalité immédiate, un monde surnaturel, entièrement nouveau, profondément original, et doué de ce pouvoir de fasciner les cœurs et d'aimanter les esprits que possède le monde de Watteau et de Mozart, de Keats ou de Heine, de Nerval ou de Chopin. Si les livres de Giraudoux n'existaient pas, il manquerait à beaucoup de nous quelque chose d'important, d'essentiel. Comme celle d'un Debussy ou d'un Marcel Proust, cette œuvre marque notre temps.* »

Madeleine Ozeray, qui créa le personnage d'Hélène, a bien voulu écrire pour nous les pages suivantes où elle retrace, avec ce mélange de simplicité, d'émotion et de poésie qui la caractérise, les circonstances dans lesquelles les rôles d'Hector et d'Hélène furent interprétés par Jouvet et par elle-même.

Qu'elle veuille bien trouver ici l'expression de notre affectueuse reconnaissance.

E. F.

- Touche, tu seras Hélène dans la nouvelle pièce de Giraudoux : *La Guerre de Troie n'aura pas lieu.*

Jouvet vient de rentrer Quai Louis-Blériot. Il est très tôt, 6 heures de l'après-midi. Je peigne le Cous, à genoux dans la salle de bains. Je ne saisis pas très bien ce que Lewis vient de me dire. Ne devions-nous pas répéter en octobre la pièce américaine...? N'était-ce pas une chose décidée? Je reste perplexe. Le Cous profite de ma distraction, échappe au peigne fin et court vers la salle à manger.

- Pourquoi fais-tu cette tête, Touche? me demande Jouvet.

- Mais, Lewis, la pièce américaine...

- Il n'en est plus question, voyons ! Après la traditionnelle reprise de *Knock*, nous mettrons en répétitions *La Guerre de Troie n'aura pas lieu.* Giraudoux est ravi.

Dans la salle à manger, le Cous se roule sur le tapis, les quatre pattes en l'air. Il éternue, se redresse, et s'ébroue. Il ressemble à un gros chrysanthème gris. Jouvet s'assied sur le grand canapé où il dort toujours dix minutes après le dîner, avant de partir pour le théâtre.

- Tu vois : même le Cous est enchanté.

Une légère angoisse me serre le cœur.

- Oh ! Lewis, pourrais-je interpréter ce rôle?... J'ai l'air d'une araignée...

- Mais l'Hélène de Giraudoux, Touche, est une petite fille. Tu devrais être heureuse. Giraudoux a écrit le rôle pour toi. Tu t'en apercevras la semaine prochaine quand il nous lira la pièce. En attendant, ne me les casse pas. Va me chercher un « pale ale ». J'ai quelques coups de téléphone à donner avant le dîner...

Dehors l'air est mouillé. Il tombe une légère pluie d'été. On respire le parfum de l'eau. Dans le vase de Venise bleu, les roses carmin se mêlent aux fleurs de verre.

[*]

Giraudoux lut *La Guerre de Troie n'aura pas lieu* dans le bureau de Jouvet rue Caumartin, quinze jours avant son voyage en Amérique. Jean-Louis Vaudoyer et Pierre Renoir étaient présents. Le cœur me battait chaque fois que Pâris, Hector, ou Cassandre prononçaient le nom d'Hélène. Comme elle se faisait attendre ! Giraudoux ne put s'empêcher d'éclater de rire en lisant la scène des deux vieillards. Et Jouvet se mit à rire aussi. Mais quand du haut du rempart Cassandre annonça : « *La voilà, Hélène* », le même trac que celui d'une générale m'étreignit la gorge. Je restai figée et émerveillée à la fois jusqu'à la dernière réplique de Cassandre à la Paix : « *Oui, tu es malade.* » La scène de Troïlus qui commence le deuxième acte s'envola comme un nuage dans le ciel bleu de Troie. Je baissai les paupières pour garder dans mes yeux cette vision de la petite reine grecque assise aux créneaux, rajustant sa sandale. Tout en percevant l'adorable voix de Giraudoux qui s'amusait comme un gosse en lisant la scène des épithètes, j'essayais d'imaginer comment je jouerais Hélène. Jusqu'à présent, s'était-elle montrée sous son jour véritable à Hector ? Au premier acte elle s'amuse avec lui. Elle joue un personnage. Elle est sincère quand elle est visionnaire. Mais qui est-elle ? Que deviendra-t-elle par la suite ? Durant le discours aux morts je levai les yeux vers Jouvet. Il me regardait. Le dialogue entre belles-sœurs me déçut. La tirade d'Hélène sur les rainettes m'étonna. Je ne la compris pas. A la dernière réplique de la pièce : « *Le poète troyen est mort; la parole est au poète grec* », pris par le charme de Giraudoux, la magie poétique du texte, cette prophétie de la guerre, chacun se tut. Dans ce silence je revis toute la pièce. Il me sembla qu'elle avait été écrite pour la rencontre Ulysse-Hector, mais qu'il y avait le ravissant personnage d'Hélène...

— Et pourquoi Hélène n'entrerait-elle pas sur l'air d'une valse ? dit Giraudoux.

— Oui, pourquoi pas ? répondit Jouvet.

Trois semaines plus tard je retrouvai mes parents à Bouillon, à Maugré, la vieille maison de famille au bord de ma rivière si jolie, la Semoy. J'étais heureuse. A ma demande, la veille de son départ pour les États-Unis, Giraudoux avait totalement modifié la tirade d'Hélène. Les rainettes s'étaient changées en oiseaux. Quelle joie pour moi d'imaginer la fille de Léda en m'endormant dans cette chambre aux cinq fenêtres donnant sur le jardin et sur la colline ! Une nuit je m'éveille. Il est 2 heures. Cous s'étire et bâille. Il me regarde, penche sa gentille tête de droite et de gauche.

- Tu veux aller te promener sous la lune, Cous ?

Le Cous remue la queue. Je passe un gros manteau d'hiver. La nuit est fraîche. Tout le monde dort dans la maison. La petite chouette hulule. Le Cous gratte la terre sous le lierre au pied d'un des plus hauts sapins du parc dont la tête se balance sur le ciel quand il y a du vent. J'aspire de toutes mes forces en levant les mains vers elle. Et tout en baissant les bras très lentement, en les arrondissant, je commence la tirade d'Hélène sur l'expiration. Tout à coup une grenouille coasse.

- Tiens, une cousine des rainettes !

J'ai sommeil. Mon manteau et mes cheveux sont couverts de rosée. Nous remontons dans la chambre. Je m'endors, mon livre sous l'oreiller. Cous à mes pieds. Et je rêve. Je vois Hélène descendre du bois d'oliviers. Elle longe le fleuve de Sparte, l'Eurotas. Elle va à la rencontre de ses frères, Castor et Pollux.

L'aurore m'ouvre les yeux. Je me lève et cours vers la Semoy, le Cous sur mes talons. Allons-nous voir apparaître un oiseau ? Un héron peut-être ? Certains, parfois, guettant l'ablette ou le goujon, viennent rêver encore au bord de la rivière, parmi les iris au mois de mai ou les reines des prés durant l'été ! Le Cous dresse l'oreille, jappe de sa petite voix rauque. J'entends des pas sur la route. Et le Cous en flèche, avec la rapidité des terriers, court vers les tilleuls de l'allée.

- Mais... Mais... C'est Lewis !

Je l'aperçois au bord du chemin. Comme il est grand... et fier !

- J'ai travaillé jusqu'à minuit, Touche, je voulais te faire la surprise. Et maintenant je vais dormir. Tu me réveilleras à midi.

Il est une heure. A la cuisine, Maman prépare le chateau-
briand sur le grill. Elle vient d'allumer les bûches dans la
grande cuisinière noire. Sur l'étagère, les deux chats dominent
la situation, à l'abri dans une casserole émaillée. Lewis parle
de *La Guerre de Troie n'aura pas lieu*. Maman demande à
Lewis qui sera Hector. Lewis pense à un tragédien. Maman
trouve ça ridicule, alors que le rôle conviendrait à merveille
à Jouvet. Ne parle-t-il pas souvent de la guerre de 14? Il
devrait sauter sur l'occasion. C'est le moment ou jamais. Il
mettrait ainsi à profit son côté ancien combattant et se libérerait
en jouant le rôle d'Hector. Jouvet sourit, avale d'un seul
trait son « pale ale ». Je cours vers Maman. Je l'embrasse :

— Maman a raison, Lewis, tu dois jouer Hector.

A la rentrée, tragédiens et comédiens défilèrent sur le
plateau de l'Athénée pour le rôle d'Hector. Giraudoux pensa
même à Charles Boyer, qui avait joué *Siegfried* en tournée.
En dépit de son admiration pour l'œuvre de Giraudoux,
il n'accepta pas. Jouvet s'inquiétait. Un jour vers 5 heures,
comme Giraudoux venait de quitter l'Athénée pour le Quai
d'Orsay, je courus comme une folle rue Caumartin.

— Monsieur Giraudoux... Monsieur Giraudoux, criai-je.

J'avais du mérite, car l'humeur du poète de Bellac
n'était pas précisément charmante cet après-midi-là. Mais
j'étais lancée. Je devais aller jusqu'au bout. Mine de rien,
je pris M. le Ministre Plénipotentiaire par le bras et je le
suppliai de donner le rôle d'Hector à Jouvet.

— Moi je veux bien, Madeleine, mais on supprimera le
discours aux morts. A demain.

Je ne pouvais insister évidemment. Et je ne dis mot à
Jouvet. Je l'attendis patiemment Quai Louis-Blériot jusqu'à
minuit. Jouvet était silencieux. Il se servit un verre de bière,
alluma une cigarette, et à ma stupéfaction :

— « *Je l'ai fait déjà, mon discours aux morts. Je le leur ai
fait à leur dernière minute de vie* »...

Que la voix drue de Lewis peut être belle ! Elle ne ressemble à aucune autre voix. Elle vient d'un autre monde. Elle
m'est si familière qu'il me semble l'avoir toujours entendue !
Même avant ma naissance.

— Mais Lewis, c'est admirable ! J'en étais sûre. Tu vas
voir, le public sera bouleversé.

— Tais-toi. Tais-toi, malheureuse ! dit Jouvet en touchant
le dossier en bois de la chaise. Je voudrais que tu m'entendes
demain dans la salle.

Et Lewis me dit le discours aux morts en entier. Nous passons toute la nuit à parler de la pièce.

Le plateau de l'Athénée est vide. Seule la lampe de secours est allumée. Dans l'ombre on distingue à peine les deux dames dorées des avant-scènes. A quoi peuvent-elles penser depuis les longues années qu'elles sont là ? Émue, assise à l'orchestre, j'écoute Lewis.

- « *Je ne sais si dans la foule des morts on distingue les morts vainqueurs par une cocarde... Les vivants ont la vraie cocarde, la double cocarde. Ce sont leurs yeux...* »

- Un peu plus bas, Lewis. Les morts sont à tes pieds.

Lewis baisse le ton.

- « *O vous qui ne nous entendez pas... qui ne nous voyez pas...* »

A la fin du discours aux morts, des larmes de joie coulent sur mes joues. O Lewis, quoi qu'il nous arrive dans la vie, entre tant d'autres, au moins, nous aurons eu cette minute !

Madeleine OZERAY.

Imprimé en France par FIRMIN-DIDOT S.A.
Dépôt légal : 1er trimestre 1975
Nº d'édition : 2924 — Nº d'impression : 6673